Auxiliando a humanidade a encontrar a Verdade

EM BUSCA DA LUZ INTERIOR

Seguindo orientação de Ramatís, a renda auferida com a divulgação deste livro, será destinada a obras de assistência social ou à elaboração de outros trabalhos.

Ramatís

EM BUSCA DA LUZ INTERIOR

Obra psicografada por Maria Margarida Liguori

© 2001 – Maria Margarida Liguori

EM BUSCA DA LUZ INTERIOR
Ramatís – Maria Margarida Liguori

Todos os direitos desta edição reservados à
CONHECIMENTO EDITORIAL LTDA.
Caixa Postal 404 – CEP 13480-970
Limeira – SP
Fone/Fax: 19 3451-0143
home page: www.edconhecimento.com.br
e-mail: conhecimento@edconhecimento.com.br

Nos termos da lei que resguarda os direitos autorais, é proibida a reprodução total ou parcial, de qualquer forma ou por qualquer meio – eletrônico ou mecânico, inclusive por processos xerográficos, de fotocópia e de gravação –, sem permissão por escrito do editor.

Revisão:
Maria da Penha Luz Teixeira
Paulo Luz Teixeira
Projeto gráfico:
Sérgio F. Carvalho
Ilustração da capa:
Mário Diniz

ISBN 978-85-7618-137-8

• Impresso no Brasil • Presita en Brasilo

Produzido no departamento gráfico da
CONHECIMENTO EDITORIAL LTDA
grafica@edconhecimento.com.br

Dados Internacionais de Catalogação na Publicação (CIP)
(Câmara Brasileira do Livro, SP, Brasil)

Ramatís (Espírito)
  Em Busca da Luz Interior / Ramatís ; obra psicografada por Maria Margarida Liguori; – 3ª. edição –, Limeira, SP: Editora do Conhecimento, 2008.

ISBN 978-85-7618-137-8

1. Psicografia 2. Espiritismo I. Liguori, Maria Margarida. II Título.

08-02842   CDD – 133.93

Índice para catálogo sistemático:
1. Psicografia : Espiritismo 133.93

Ramatís

EM BUSCA DA LUZ INTERIOR

Obra psicografada por Maria Margarida Liguori

3ª Edição — 2008

Outras obras de Ramatís editadas pela Editora do Conhecimento

Obras psicografadas por
HERCÍLIO MAES
- A Vida no Planeta Marte e os Discos Voadores – 1955
- Mensagens do Astral – 1956
- A Vida Além da Sepultura – 1957
- A Sobrevivência do Espírito – 1958
- Fisiologia da Alma – 1959
- Mediunismo – 1960
- Mediunidade de Cura – 1963
- O Sublime Peregrino – 1964
- Elucidações do Além – 1964
- Semeando e Colhendo – 1965
- A Missão do Espiritismo – 1967
- Magia de Redenção – 1967
- A Vida Humana e o Espírito Imortal – 1970
- O Evangelho à Luz do Cosmo – 1974
- Sob a Luz do Espiritismo (Obra póstuma) – 1999

Obras psicografadas por
MARIA MARGARIDA LIGUORI
- O Homem e o Planeta Terra – 1999
- O Despertar da Consciência – 2000
- Jornada de Luz – 2001
- Em Busca da Luz Interior – 2001

Obra psicografada por
AMÉRICA PAOLIELLO MARQUES
- Mensagens do Grande Coração – 1962

Obra psicografada por
NORBERTO PEIXOTO
- Chama Crística – 2001
- Samadhi – 2002
- Evolução no Planeta Azul – 2003
- Jardim dos Orixás – 2004
- Vozes de Aruanda – 2005
- A Missão da Umbanda – 2006
- Umbanda Pé no Chão – 2008

Obs.: A data após o título refere-se à primeira edição.

"É preciso estar em alerta máximo para que a harmonia se faça, trazendo todos os benefícios de seu cortejo e alcance de ascensão."

Ramatís

Sumário

Prefácio 13
Agradecimento 17
Palavras de Ramatís 19
A força propulsora está no coração do homem 21
Nada se perderá, a oportunidade está presente 23
O caminho a percorrer ee igual para todos 25
O homem destrói seu paraíso 27
A participação atuante do homem em seu meio 29
A vida depende do respeito humano 31
Sua atuação é importante na hora presente 33
O respeito é fundamental à harmonia 35
O jovem ensina ao velho que o caminho é seguro 37
O homem é a união corpo e espírito que voltará ao ponto de partida .. 39
O poder de construção e o de destruição caminham juntos 41
A união será a alavanca para o engrandecimento do ser humano .. 43
Se você vai só, terá dificuldades 45
A força do entendimento entre irmãos 47
Agora é seu tempo; não deixe para mais tarde 49
A fé no coração do homem 51
Aparências são artifícios da mente 53
Seu momento é seu, aproveite-o! 55
A destruição será feita pelas mãos do homem 57
As necessidades do ser humano 59
O esforço de cada um faz parte de um todo 61
O homem faz aquilo que recebe 63
A vida é a guardiã do plano 65
Quem respeita, recebe 67
O homem estará presente quando despertar 69
A meditação dá harmonia e paz 71

O homem não é solitário 73
O amor pelo amor, o sofrer pelo sofrer 75
É preciso despertar! 77
O tempo de permanência está à prova 79
Está na vontade a força que o elevará 81
O fumo, inimigo do corpo são 83
É preciso compreender sua atuação 85
A verdadeira direção do homem está em seus sentimentos 87
Há necessidades de mudanças na atitude dos homens 89
As ivestidas dos elementos sobre o próprio homem 91
A direção certa está nos atos dirigidos com discernimento 93
Pelo despojamento o homem será feliz 95
O homem, forjador de seus males 97
O homem à procura de sua essência 99
O remédio da alma 101
A libertação se dará pelos sentimentos 103
As conquistas da posse 105
A transformação do homem no cadinho do fogo 107
O caminho das descobertas 109
O homem e seu conjunto caminharão 111
É hora de despertar 113
O alcance é fácil, a permanência importante 115
A evolução do planeta Terra depende de todos 117
O s iguais se atraem 119
O destino do homem é ele quem faz 121
O homem e suas ocasiões de progresso 123
A união dos que trabalham trará alegria de aqui estarem 125
A atenção é a grande proteção 127
Atenção: a vida é sempre um despertar! 129
É hora de refletir 131
A hora é de trabalho 133
O dever cumprido na preservação da vida 135
Todos por um só objetivo 137
O anel de luz formado pelos sentimentos dos homens 139
Sua atuação será nefasta se não compreender sua posição 141
É tempo de reconstruir 143
O tesouro escondido 145
A hora da distribuição 147
O remédio da alma 149
A vida precisa ser cuidada 151
A mãe, porto seguro do filho 153
O estar e o ser 155
A modificação está presente 157
O dar e o receber fazem milagres 159
O momento preciso atuando 161

É hora de mudar..163
O despertar para a consciência...165
A alegria de viver atuando na saúde.................................167
Homens e astros sofrerão..169
O alcance depende de cada um..171
O itinerário do homem..173
Causando juntos a destruição...175
As necessidades do momento...177
As riquezas do homem..179
Ainda é tempo de modificação...181
A recuperação do homem depende dele mesmo.............183

Os ensinamentos relacionados foram psicografados no período de 3 de janeiro de 1996 a 17 de dezembro de 1997.

Prefácio

Estimados lectores espirituales:

Es una inmensa alegria para mi alma encontrarme con esta oportunidad de prefaciar esta magnífica obra "Buscando la Luz Interior", recibido por la sensitiva, receptora de los dictados de ese gran Maestro llamado Ramatís.

Entonces cabe señalar ahora, quien es ese Maestro que no descansa desde su esfera de acción, aprovechando a los sensitivos para canalizar su vibración crística y entregar los mensajes que sólo tienen, como dice en esta obra, "abrir la conciencia" del hombre terreno.

Ramatís, siendo uno de los tantos Mentores que acompañan al Maestro Jesús, tiene el compromisso y la función de entregar mensajes "científicos y espirituales", que tanto deben llegar a la comprensión de las mentes intelectualizadas, como al más pequeño de los seres que necesitan conocer, "por qué nace, por qué vive, por qué debe progresar y definitivamente, que le espera al pasar a la otra dimensión, después de dejar su cuerpo fisico, en la sepultura".

Todos estos interrogantes afectan de alguna manera al humano que desconoce la temática de la reencarnación y la Ley de Causa y Efecto. Toda preparación que involucra a todos los seres encarnados como desencarnados, no importando la situación en que se encuentran en su esfera de progreso espiritual, es la gran preocupación de todos los Mentores que prometieron al

Maestro Jesús — Director de la humanidad terrena — preparar con cierta urgencia, a esta humanidad.

Como la trayectoria de este Maestro lleva bastante tiempo entregando sus rnensajes por diversos sensitivos, ahora le toca a la autora de esta obra, entregar otra parte de los dictados que su finalidad es alertar la conciencia "del ciudadano de la hora actual, en su magnífica obra "Buscando la Luz Interior".

Como es sabido, en la hora presente urge darle a entender con toda claridad, al hombre terreno, cual es la situación por la que atraviesa y como debe afrontarla sin dilación alguna, si es que ineludiblemente desea ser un servidor del Cristo.

La tarea que viene desempeñando la autora, Margarida, lo ha hecho anteriormente con otras obras, también dictadas por el Maestro Ramatís y su tónica es la de estructurar al hombre en el Amor y en base a las enseñanzas que legara a la humanidad el Maestro Jesús.

La diversidad de temas que toca en este libro, es para incidir en la mente de todo tipo de ser, sea cual fuere su preparacion, ahí está el valor literario y espiritual de los mensajes. Siempre Ramatís ha manifestado en todos sus mensajes, por la oportunidad que tiene de incidir en la preparación de todas las mentes, como encerrando en un gran círculo crístico a todos los seres, porque en definitiva, todos son hijos de Dios y deben tcner la oportunidad de conocer la Verdad que los salvará. El que lee a Margarida Liguori, en esta obra especialmente, encontrará una puerta abierta, para que su alma encuentre el oasis, que le apagará la sed que sus necesidades espirituales le están reclamando.

No sólo se lee lo escrito graficamente, también es bueno penetrar entre líneas, lo que el Maestro deja entrever, pues esta forma de profundizar los mensajes, es encontrar ia médula de un Maestro que con Paz y Amor, le brinda todo cuanto siente su alma como espíritu un tanto más avanzado que la generalidad de los humanos, sin distinción.

Esta obra en si, trae aparejada una enseñanza prioritária, que es llevar al hombre por la mano del Amor a reencontrarse a si mismo, que es lo mismo que ir a su propio encuentro interno por el camino que ha hecho. o construido, hace milenios en pos de la Verdad, que lleva positivamente desde que fue creado, solo que hace falta descubrirlo, no olvidando la máxima que dice: "Sólo por el Amor se salvará el Hombre".

Que la Paz y el Amor de Ramatís, sean el reflejo de esse gran Instructor que es el Director de la humanidad de la hora presente : Jesús, el Cristo.

Manuel Valverde

Estimados leitores espirituais:

É uma imensa alegria para minha alma defrontar-me com a oportunidade de prefaciar esta magnífica obra "Em Busca da Luz Interior", recebida pela sensitiva, receptora de mensagens ditadas por esse grande Mestre chamado RAMATIS.

Cabe-me esclarecer agora quem é este Mestre que não descansa de suas atividades, aproveitando os sensitivos para canalizar sua vibração crística e entregar as mensagens que apenas pretendem, como disse neste livro, "abrir a consciência" do homem da Terra.

Ramatis, sendo um dos vários Mentores que acompanham o Mestre Jesus, tem o compromisso e a função de entregar mensagens "científicas e espirituais", que tanto devem chegar à compreensão das mentes mais intelectualizadas quanto ao mais humilde dos seres, pois todos precisam saber "porque nasce, porque vive, porque deve progredir e, definitivamente, o que o espera ao passar à outra dimensão, após deixar seu corpo físico na sepultura."

Todas estas interrogações afetam de alguma maneira o ser humano que desconhece a temática da reencarnação e a Lei de Causa e Efeito. Toda a preparação que envolve os seres encarnados, bem como os desencarnados, não importando a situação em que se encontrem em seu nível de progresso espiritual, é a grande preocupação de todos os Mentores que prometeram ao Mestre Jesus — Regente da humanidade terrestre — preparar, com certa urgência, esta humanidade.

Uma vez que em sua trajetória o Mestre, há bastante tempo, vem enviando suas mensagens por diversos sensitivos, cabe agora à autora entregar a outra parte das mensagens cuja finalidade é alertar a consciência do homem atual, por meio de sua magnífica obra "Em Busca da Luz Interior".

Como se sabe, é urgente neste momento que o ser humano terrestre compreenda, com toda clareza, qual é a situação que atravessa e como deve enfrentá-la, sem mais adiamentos, se é que deseja, indubitavelmente, ser um servidor de Cristo.

A tarefa que vem desempenhando a autora, Margarida, já foi feita anteriormente em outras obras, também ditadas pelo Mestre Ramatis, cuja tônica é estruturar o homem no Amor, com base nos ensinamentos que o Mestre Jesus legou à humanidade.

A diversidade de temas que aborda este livro é com o objetivo de alcançar a mente de todo tipo de ser, seja qual for sua preparação; aí estão os valores literário e espiritual das mensagens. Ramatis sempre manifestou em todas elas, pela oportunidade que tem de influir na preparação de todas as mentes, algo como se estivesse encerrando todos os seres num grande círculo crístico, porque, definitivamente, todos nós somos filhos de DEUS e devemos Ter a chance de conhecer a VERDADE que nos SALVARÁ.

Quem lê Margarida Liguori, especialmente nesta obra, encontrará uma porta aberta para que sua alma encontre um oásis, que lhe saciará a sede reclamada por suas necessidades espirituais.

Não se deve ler somente o que está escrito graficamente; é bom também descobrir nas entrelinhas o que o Mestre deixa entrever, pois nesta forma de se aprofundar nas mensagens, encontrar-se-á a essência de um Mestre que, com Paz e Amor, oferece tudo quanto sente sua alma, enquanto espírito muito mais avançado que a humanidade em geral, sem distinção.

Esta obra em si traz um ensinamento prioritário, que é levar o homem pela mão do Amor a reencontrar-se consigo mesmo, isto é, ir a seu encontro pelo caminho que já fez, ou construiu, há milênios, em busca da Verdade, que o conduz positivamente desde sua criação, só que lhe falta descobri-lo, sem se esquecer da máxima que diz: "Só pelo AMOR o HOMEM se salvará."

Que a Paz e o Amor de Ramatis sejam o reflexo desse grande Instrutor, Dirigente da humanidade na presente hora: Jesus, o Cristo!

Manuel Valverde

Agradecimento

O Mundo Oculto nos presenteia sempre com encontros que nos fazem ver o fio inquebrantável que nos une eternamente. Tenho muitos motivos de real importância nesta presente encarnação. Entre elas, o encontro com Sérgio Carvalho, que me deu a oportunidade de trazer à luz os ensinamentos de nosso Mestre Ramatis. Embora sejam simples e despretensiosas falas, segundo o próprio Mestre, falam ao coração de meus irmãos, encarnados como eu, que lutam por conhecimentos que aclarem os caminhos a percorrer, para que sejam amparados e esclarecidos.

Agradeço o encontro fraterno com Chico Xavier, irmão iluminado que desincube sua missão com dignidade espiritual, quando igualmente presenteou-me com as fraternas palavras de Bezerra de Menezes:
"Filha, Jesus nos abençoe.
Amigos devotados da vida Maior estão adestrando suas forças mediúnicas para as tarefas nobilitantes em suas mãos. Filha, quanto maior o nosso esforço na extensão do bem para os outros, mais amplo auxílio receberemos da Vida Superior para o nosso próprio bem.
Jesus nos abençoe.
Bezerra"

Agora, o Mundo Oculto, com sua sabedoria, colocou-me frente-a-frente com Manuel Valverde, irmão que olha na mesma direção, trilhando os ensinamentos do Mestre Ramatís e difundindo sua obra pela "Fraternidad De La Cruz Y El Triangulo Ramatís" na Argentina, para os países de língua espanhola.

Cremos, outrossim, que percorremos caminhos da caridade e aceitação de nossa missão, que são as mesmas que envolvem todos que se dirigem amparados pelos ensinamentos do Mestre.

Esse irmão querido, fraternalmente, aceitou prefaciar esta singela obra, reforçando a atenção do Mestre Ramatís, que é despertar o coração do homem, salvando-o de si mesmo.

Sei que acasos não existem e sei também que nos encontraremos sempre, pois a eternidade não tem fim, e nós, humildes servidores do Pai, estaremos juntos pelos caminhos da caridade.

Que a fraternidade desça à Terra pela força do amor.

Maria Margarida Liguori

Palavras de Ramatís

Irmãos,

É necessário que conquistem seus próprios sentimentos, que sintam neles o centro de todas as emanações de força para descobrirem o caminho.

Os acontecimentos de uma encarnação são produzidos por estes sentimentos que serão a força propulsora no alcance da evolução.

Estejam atentos, pois a qualquer hora será a hora do despertar e, quando esta chegar, deve encontrá-los a postos.

O descobrir de sentimentos faz com que cada oportunidade seja vital para o alcance que os libertará da escuridão e do desamor que impera entre os homens, e é preciso que sigam na compreensão da verdade que existe em cada um para que trilhem o caminho que os levará à

LUZ, à PAZ, ao AMOR.

Ramatís

Nova Friburgo, 5 de agosto de 1998.

A força propulsora está no coração do homem

O AMOR É O ALICERCE DA VIDA; SEM ELE TUDO RUIRÁ. FAÇA SUA PARTE NA GRANDE CONSTRUÇÃO QUE É O PLANO DA TERRA.

Todos que conseguem vislumbrar seu caminho, e que sabem que é por amor do Pai, terão ganho a senha que os auxiliará em sua caminhada.

Sabemos que os encarnados estão neste plano para que, juntos, encontrem a solução e a direção de muitos de seus problemas aflitivos, mas é pelo amor que conseguirão a libertação.

O espírito tem sua intenção, e, se conseguir fazer com que seu hospedeiro o ouça, terá ganho sua própria libertação, pois tudo que conseguir será em benefício de todos, pois quando de sua encarnação era esse seu objetivo: amar seu próximo com o amor do Pai.

Muitas vezes, todo este intento se perde, mas nada o impedirá em sua busca.

— Quando o espírito está liberto, não encarnado, ele não poderá também amar e evoluir?

O espírito se encarna para estar entre o bem e o mal, para poder escolher e se manter imune. Mas, para tanto, é necessário se ter o livre-arbítrio alicerçado em termos claros e seguros; está aí o motivo de sua encarnação, saber escolher.

— Porém, mesmo assim, ele tem vontade própria quando

liberto da prisão da carne. Ele não poderá livremente escolher?

Quando o espírito se encontra liberto das amarras da encarnação, coloca-se numa posição diferente, o bem se junta ao bem, o mal se junta ao mal, diferente do plano da Terra, onde os opostos se atraem. Daí sua escolha ser seu apoio, sua solução.

Ninguém poderá estar melhor posicionado do que quando está em situação de escolha; aí provará a si próprio se soube separar o joio do trigo.

Todos estão expostos aos mesmos dissabores; todos estão, portanto, na mesma situação de escolha, mas os sentimentos é que dão a segurança.

O plano da Terra também escolherá seu futuro, entre o bem e o mal. Está, assim, na atuação de seus habitantes sua ação regeneradora. Necessário se faz, pois, que todos se posicionem centrados em seus sentimentos, para que formem emanações de poder que forjarão energia propulsora que elevará o plano; só dessa forma se dará sua ascensão.

Todos os astros do infinito cósmico têm seu caminho. O planeta Terra igualmente se transformará, terá sua posição modificada, e todo aquele que se propõe a modificações estará fadado a acompanhá-lo nessa subida, em sua ascensão. Portanto, o trabalho dos sentimentos fará do homem o sustentáculo, e, se todos se unirem, galgarão juntos, formando a força impulsionadora que cumprirá seu destino, elevando o planeta Terra a planos de

LUZ, de PAZ, de AMOR.

Se todos cumprirem sua parte, tudo seguirá um só caminho e chegarão juntos.

Nada se perderá, a oportunidade está presente

NECESSÁRIO SE FAZ QUE TODOS TENHAM CONSCIÊNCIA DE SEUS PRÓPRIOS ATOS, PARA QUE O BEM MAIOR FLORESÇA NO CORAÇÃO DO HOMEM: A PAZ E A CONCÓRDIA. ESTEJAM ATENTOS AO MOMENTO QUE PASSA; ELE PODERÁ TRAZER SUA LIBERTAÇÃO.

As circunstâncias que envolvem todos os acontecimentos dão oportunidade a todos, mas nem todos estão aptos para ouvirem o clarim que desperta e coloca o homem em atenção.
— A que se refere como clarim?
É o chamado interior, é o despertar dos interesses íntimos, a busca e o achado. Portanto, quando o ser humano está cônscio de seu papel, vivendo em plena consciência, ganhará a compreensão de todo poder que mora nele, mas que permanece adormecido.
— Estará o homem assim tão alheio ao que lhe passa ao redor?
O homem, o ser humano, é constituído de sensores, e são eles que estão adormecidos, ou melhor, esquecidos. Porém, quando ele é chamado à ação, faz-se presente. Por isso preferimos o termo esquecido, pois a consciência divina que existe no ser humano não dorme nunca, é a essência que mantém a vida. Se algum comprometimento houver, é por pura desatenção do homem, sendo preciso verificar com análise, com meditação, com atenção plena sua própria atuação, para que possa conhe-

cer seu caminho, que nada mais é do que as conquistas que lhe compete fazer.

— Então o homem está sujeito a essas situações de esquecimento?

O homem está distraído com coisas banais, pois, embora elas sejam necessárias em seu viver, não constituem a meta primordial, suprema, a que abrirá horizontes de conquistas eternas. Sua direção é, e sempre foi, ao centro de emanação de forças, que é o Universo Cósmico, mantenedor e forjador de todas suas conquistas.

— Por que, então, o homem se distrai?

Esse estar é próprio de sua atuação no plano Terra. O homem se compara a uma criança, está vulnerável à distrações, gosta de prazeres, de satisfações, mas deveria procurar em seu redor aquilo que trouxe guardado em seu coração, que é a chama divina, o fogo purificador, a luz que indicará seu caminho, a estrela que norteará sua permanência neste plano. É pois necessário o estar alerta, cônscio de seus deveres, para que não se demore sua libertação, que se fará mediante sua vontade, porquanto quem deseja conseguir algo, alcançará; basta que veja aquilo que tem dentro de si, em seu coração, e se deixe levar por seus próprios sentimentos. Então, encontrará a saída.

Se as ocasiões se apresentarem e o homem estiver alerta, atento, tudo será mais fácil, e, dependendo do alcance e manutenção que todos possam conseguir, encontrarão a senha que os conduzirá à

LUZ, à PAZ, ao AMOR.

Tudo depende do estar atento;
as pequenas coisas é que são valiosos
baluartes da harmonia, do alcance.

O caminho a percorrer é igual para todos

O HOMEM É UMA ESTRELA, SUA LUZ INTERIOR ILUMINA SEU CAMINHO, E ELE DEIXA, POR ONDE PASSA, O PERFUME DE SUA PRESENÇA. TUDO ISSO FAZ COM QUE SEJA A VIDA UM VERDADEIRO PRESENTE DE DEUS.

Estão nos sentimentos o perfume, está no caráter espiritual sua luz; a responsabilidade dessa manutenção, portanto, é incumbência do homem constituído na carne, que vem para dar seu exemplo a seus companheiros de ocasião, mas o que temos visto é o descaso e a desatenção.

— O homem, mesmo tendo poderes, está de joelhos, implorando; por que será?

Simplesmente por descuido e por desamor às coisas de seu espírito. Seu dever

maior, que é provar a si próprio que é humano, está relegado a segundo plano, dando atenção simplesmente a futilidades terrenas que não lhe servirão para alcance de seu objetivo, que é a evolução.

— Como ele pode se esquecer ou se desviar de seu objetivo principal?

Sabemos que o estado natural do homem moderno é estar em eterno descaso de seus sentimentos. Ele não mais sente o amor aflorar de seu coração, tem sentidos desenvolvidos, mas todos eles envoltos em desatenção, pois, quando o homem quer caminhar, interpõe-se em seu caminho muitos achados de seu viver, que estão ali quase propositadamente para sua distração e desvio.

— Como assim?

Natural que tudo está entre todos, mas o que mais se aproxima do homem são suas atitudes, influenciadas, é claro, por seu proceder que está sempre sujeito a chamamentos de seu meio, e sabemos todos quão fortes e precisos são estes chamados, levando o homem para longe de seu verdadeiro centro, que é seu coração-sentimento. Ele é que deve comandar todos seus atos. Sabemos também que rondam o homem muitas presenças que o distraem, pois todas elas querem-no distante de seu intento; são forças contrárias que entravam o desabrochar do homem no planto da Terra.

— E se o homem não se deixar enredar?

Pode, mas nem sempre ele quer ver aquilo que é óbvio, prefere se distanciar de suas verdades, que são as verdades do espírito, força poderosa que o impulsiona e que o faz viver.

Quantos há que caminham sem mesmo enxergarem os pés, nem sabem que os têm, e assim vão caminhando impulsionados por forças contrárias que atuam em seu viver, em seu equilíbrio, fazendo com que se atrase e se desvie de seu objetivo.

Quando a totalidade do bem suplantar o estar no plano, o homem seguirá triunfante, pois soube galgar e conseguir sua posição entre aqueles que conseguem chegar donde saíram com seus irmãos de momento, que como ele circulam no plano da Terra, e muitos deles conseguem vislumbrar a

LUZ, a PAZ, o AMOR.

Todos os habitantes do plano da Terra têm seu caminho; é preciso que o homem encontre o seu.

O homem destrói seu paraíso

O PROGRESSO DE UM POVO ESTÁ NA MEDIDA CERTA DE SEU ENTENDIMENTO, DE SUAS AQUISIÇÕES. É PRECISO PROCURAR PARA QUE SE ABASTEÇA.

Os encargos dos encarnados dão a segurança exata de seu estar neste plano, mas nem todos estão atentos para o discernimento e a compreensão.

O homem está alheio a acontecimentos importantes que se dão no planeta Terra, como o fato da verticalização de seu eixo, que fará seu clima sofrer transtornos que modificarão sua estrutura.

Os homens estão no planeta e, portanto, deveriam estar cientes do que acontece.

Nem todos que vivem estão aptos a perceber, mais ainda, nem a todos é dado o sentido do valor de estarem neste plano hospitaleiro, próprio para sua evolução, pois é aqui que expiam seus delitos. Dessa forma, além de tantos males que o afligem em sua permanência, o maior deles é não conseguirem perceber sua posição.

— Como não perceber?

O estar alheio já é um motivo, se não o principal, de sentir-se assim, fora de todo acontecimento. O homem nem percebe, muitas vezes, sua própria finalidade de aqui estar, deixando sempre para mais tarde seu dever de provar a seus irmãos que os ama. É assim que o homem vive, está aqui no plano Terra

sem mesmo senti-lo.
— Como o homem se coloca nessa posição, por desatenção ou por ignorância?

As duas coisas são cabíveis nele, pois quando chega a este plano tem a intenção, porém é toldada por seu próprio descuido. Ele se coloca num pedestal, quer ser o rei, mas não percebe que, com toda sua sabedoria adquirida, tem menos percepção que uma flor, pois esta pressente a tempestade e se coloca sempre a favor do vento. Vejam como as árvores se curvam sem se desequilibrarem. O homem não sabe dos segredos de seu senso de equilíbrio, não conhece os segredos da aves, que emigram de tempos em tempos, não tem a intuição devastadora dos peixes que sobem os rios para desova. Bem ao contrário, o homem, com sua presença devastadora, muitas vezes destrói, mercê de sua força e insensatez, o ninho de aves que com inteligência o edificaram.

As atitudes são inofensivas, mas passíveis de se tornarem carregadas de malefícios se postas em ação sem o devido equilíbrio, sem discernimento; quando o homem apenas procura satisfazer seu ego, muitas vezes acarreta o próprio desequilíbrio, como ao promover a degradação do ambiente em que vive.

Se todos se irmanassem, tornando-se esteio um do outro, se todos florescessem sem interferências, o plano Terra voltaria a sua função inicial, um plano de expiação, mas também um grande e profundo porto de salvação.

Todos estarão em seus lugares se agirem com respeito, e caminharão com certeza para a

LUZ, a PAZ, o AMOR.

O plano da Terra é cenário de grandes conquistas, como também de grandes derrotas; depende de você seu desempenho.

A participação atuante do homem em seu meio

O AMOR É O SUSTENTÁCULO DO PLANO, SEM ELE NADA PODERÁ SE ESTABILIZAR. O MOMENTO É DESTINADO À REFLEXÃO. TODOS CONSEGUIRÃO, BASTA QUE SE PREDISPONHAM A ESSE SENTIMENTO.

Às margens de um acontecimento surgirão muitas oportunidades para florescer ensinamentos que levarão o homem a indagar: que faço de minha oportunidade encarnacional?

O homem está sujeito às influências de seu meio ambiente, e este anda saturado de vibrações contraditórias, causando distúrbios em todas as manifestações da natureza.

— Como assim?

O meio ambiente dá cenário para que o homem desempenhe seu papel de mediador, mas este tem demonstrado não cumprir seu papel, apresenta-se indiferente ao meio e até como seu predador.

— Como o homem tem agido assim?

Suas atuações têm sido à revelia de seu caráter, pois as atitudes que assume têm prejudicado seu próprio viver, sua constituição física, tão grandemente atingida. O abuso dos alucinógenos degrada seu corpo, atingindo sua personalidade, e, pior ainda, seu caráter, pois sua personalidade tem se modificado. E com essa atuação o homem tem regredido na escala da evolução.

Muitos animais, tidos como irracionais, têm se mostrado mais sensatos que o homem.
— Como assim?
O homem tem feito de sua constituição não sua morada física, mas sua própria ruína moral, e com seu procedimento tem atingido a sociedade grupal; sua família tem sido seu primeiro alvo, porquanto ele tem se mostrado mais algoz do que esteio, patriarca de um núcleo, aquele que ampara e protege.
— O homem estará se sentindo envolvido por circunstâncias várias?
Sim, ele está sendo vítima dele mesmo, seu próprio algoz, destruindo sua moral. Isto não só o prejudica como a todos que estão a seu lado fazendo parte de seu momento encarnacional.
O homem é senhor absoluto de seu viver, mas tem que respeitar os que também estão usufruindo o seu; o dever é um só, engloba a todos.
Existe neste momento, no plano da Terra, influência negativa progressiva; está cada vez mais acentuada.
— E o que é força negativa progressiva?
É uma influência em todos os sentidos, na parte psicológica e na biológica, pois estamos vendo a toda hora exemplos na parte moral, nas aberrações do comportamento, em sua degradação o homem está exercendo atuação em seu próprio grupo, premido por esse poder progressivo, e se ele não se alertar o necessário será envolvido por este estado, e não mais se salvará dele mesmo; portanto é preciso acordar, viver sua vida, seu momento, até que se apresente aos olhos de todos como um ser que caminha em seu caminho de ascensão à

LUZ, à PAZ, ao AMOR.

*Todos estão num mesmo cenário,
é preciso atenção para que sua atuação
não destoe, prejudicando o cenário da vida.*

A vida depende do respeito humano

OS QUE CHEGAM AO PLANO DA TERRA ESTARÃO ENTRANDO EM SUAS REFLEXÕES PARA CONSEGUIR EVOLUÇÃO, MAS NÃO SABEM QUE SÓ TERÃO AQUILO QUE CONQUISTAREM COM TRABALHO ÍNTIMO, O CAMINHO DA CARIDADE.

As circunstâncias atuais do planeta Terra exigem que o homem se coloque em posição constante de observação de seus atos para que consiga a compreensão de toda a atuação que envolverá seu irmão.

O encarnado, quando está neste plano, dando suporte a programas de grupo que se propõe a um determinado alcance, deve estar atento a seu meio, pois será aí que encontrará reforços para sua manutenção, mas sentirá dificuldades, pois esse mesmo meio apresentará sinais de dissolução de seus costumes.

— Como dissolução?

Todo poder que emana dos sentimentos estará em dissolução, porque essa é a situação desses sentimentos que deveriam dar suporte à atuação do homem em seu meio, envolvendo seu irmão com sua intenção de progresso e alcance. Ora, se ele sente o envolvimento dissolutivo desses bens morais, que estão deixando de existir, não pode atingir seu objetivo que é a evolução em grupo para que haja segurança.

O plano da Terra hospeda o homem, mas o ser humano está enfermo, portanto não tem os sentimentos básicos que transformarão as intenções bélicas que envolvem a permanência do encarnado. Estamos também presenciando que seus irmãos da natureza sofrem pela atuação do homem que, sendo filho de Deus, não respeita as leis dos homens, impostas por eles, como não respeita as leis da natureza que são imutáveis, vigorosas e rigorosas ao mesmo tempo, pois todo aquele que atingi-la será atingido, disto ele não poderá fugir.

— O plano é perfeito, por que os homens não compreendem este estado?

Se compreendem não demonstram, mas virá o dia em que todos esses acontecimentos serão tão claros, como são as estrelas do céu que são astros, existem mesmo sem a manifestação do poder que o ser humano quer demonstrar; existem por força suprema e única.

Os momentos do plano da Terra estão sendo observados por outros planos, mais sutis, e o homem continua a pensar que sabe distinguir o bem do mal, o bom do mau, mas sequer conhece a si próprio, e nem consegue compreender sua atuação maléfica sobre o meio ambiente. Se atingido com projéteis o coração do homem, ele não sobreviverá; e é o que acontece ao plano Terra, atingido em seu ponto mais importante, a poluição de seus recursos de vida. Portanto, muitos há que receberão de volta sua insensatez, mas muitos há que receberão também sem o merecerem.

A vida no plano depende única e exclusivamente do senso de responsabilidade do homem; se ele descuidar-se de seus deveres, ele mesmo perecerá. Assim sendo, é preciso atenção, regeneração dos sentimentos, ação harmoniosa, respeito, para que todos possam alcançar as harmonias que estão contidas na

LUZ, na PAZ, no AMOR.

A parte mais importante da vida é o respeito do ser humano a suas leis; portanto, desperte.

Sua atuação é importante na hora presente

OS QUE ESTÃO SOB O DOMÍNIO DO AMOR ESTÃO DANDO COBERTURA A SEUS IRMÃOS QUE SOFREM POR ESSA GRANDE PRIVAÇÃO. É PRECISO FAZER CIRCULAR O BEM MAIOR DE DEUS ENTRE OS HOMENS.

O momento presente é muito importante para a compreensão do homem, para seu próprio desenvolvimento, pois está presenciando uma época de transição bem acentuada, e este estado mostra como ele é realmente.

Todo ser humano está sujeito às mesmas situações, e todas as calamidades que têm se abatido sobre o plano, atingem muitos seres. É a ocasião de refletir.

Mas, perguntarão muitos, o que fizemos nós para sermos os que mais sofrem por vivermos nessa época?

Muitas coisas, muitos atritos, muitas expiações estão à prova para que compreendam que nada ficará impune, todos que se ofenderam e também, conseqüentemente, ao plano, estão presentes nesta época.

— A época é produzida pelos homens?

Não, a época é um somatório de muitos acontecimentos, que vão se acumulando no tempo. Um dia tudo se torna claro, e tem seu momento certo de eclodir, e o homem por determinação está presente, e todos que cometeram delitos contra a natureza responderão presente, nesta época de transição.

Muitos se sentirão culpados, mas outros há que nem se

tocam quanto as suas atuações no passado. Mas tudo que se faz, recebe-se em dobro e aí está a razão da presença nesta hora de tomada de posição.

— O homem então é o grande forjador de motivos, até de modificação do plano?

Não por ele somente, mas o plano da Terra, como já explicamos, é um ser em evolução, tem que deixar suas mazelas para trás e nada mais justo do que esse processo. Tudo é importante a uma evolução, tudo que se deixa é o supérfluo que pesa na caminhada, e o Plano é assim como o homem, tem que ir de mãos vazias, mas com seu coração cheio de esperanças, e o coração da Terra está estremecendo, deixando tudo que não lhe servirá mais, voltará a seu estado natural. Mas para tanto tem que haver sofrimento e dor, assim como o ser humano quando sofre as mazelas em seu corpo físico.

Os que se acham despertos, sabedores de seus deveres, têm por obrigação alertar, fazer o papel de arautos da nova era. Porém se todos não ouvirem a boa notícia, ele não será o culpado, quem não ouve por que não quer é o pior surdo da natureza; o Pai lhe deu os sentidos e se ele não os aproveita, sofrerá.

Está na hora do grande acontecimento, e a conscientização de seu papel é importante. Se assim for, encontrarão seguramente o caminho das fontes da

LUZ, da PAZ, do AMOR.

O momento é deveras importante.
Acorde e trabalhe; ainda há tempo,
faça sua parte, todos sairão lucrando.

O respeito é fundamental à harmonia

NADA HÁ QUE POSSA INTERFERIR MAIS NO VIVER DO HOMEM, TER MAIOR REPERCUSSÃO, DO QUE A FALTA DE AMOR E DE CARIDADE CONSIGO MESMO, POIS ESSES SÃO OS ALICERCES DE SUA EVOLUÇÃO.

Na presente oportunidade o homem tem estado em desalinho com todos os princípios básicos, seus sentimentos, tem se colocado em posição contrária a sua natureza e como agressor de seu meio ambiente, tornando insustentável seu viver neste planeta, que estava estruturado de forma propícia a que o espírito encontrasse nele campo para colocar em prática seus propósitos.

O homem tem se portado como um tormento para ele mesmo, tudo que tem praticado contra seus irmãos volta-se contra ele próprio, pois atuando em seu meio ambiente está fazendo circular todos os malefícios que o impedirão de viver em paz.

Este planeta está passando por grandes modificações, e como tem sido agredido constantemente, têm sido profundas suas alterações ambientais, é claro, mas em seu sentido mais amplo prejudica sua posição no plano de evolução, age em sua própria destruição.

— Como o homem pode ser seu próprio mal?

Simplesmente como tem acontecido, o estar em constante alcance de conhecimento e aquisições não dá a ele o direito à destruição, pois sua técnica o está sufocando, a energia atômica é seu próprio algoz, porquanto, se ela liberou o progresso, também o fez no campo do extermínio. As doenças estão grassando no momento atual, é preciso cautela em seu modo de agir. Tudo indica que modificações profundas estão a caminho, bem próximas estão as últimas conseqüências de seu viver desordenado.

— Mas o terceiro milênio será promissor!

Bem sabemos, mas o progresso está tomando um caminho de sofrimento e não deveria ser assim, pois a ciência avança, as descobertas chegam para melhoria da vida, mas na realidade estão prejudicando a vida, por pura insensatez do homem; ele mesmo não sabe definir seu achado e tem levado para o lado inverso seu progresso. Os laboratórios estão assim como estão os sentimentos dos homens, poluídos pela cobiça, pelo progresso de seus bens terrenos. É preciso atenção.

— Todos os bens descobertos não são favoráveis ao viver do homem?

Natural que assim seja, mas muitos progressos na ciência e na técnica têm trazido dissabores; o homem não tem sabido receber o que lhe vem às mãos, e por isso o vemos em tamanha confusão. Ele é o controlador da vida e da morte, pois suas conquistas têm esses dois lados, agem em direção opostas.

É necessário que a atenção seja uma constante no momento que passa, para que as conquistas sejam realmente benéficas para a evolução e para o progresso. Consciente de si mesmo, o homem saberia dar destino correto as suas conquistas, bastando que deixasse falar mais alto seu propósito de amor, respeitasse seu meio, deixasse florir as flores, deixasse correr os rios, alimentando as cachoeiras, que os pássaros não fossem atingidos por sua tecnologia avançada, que a harmonia fosse cultivada, que todos vivessem em paz, jovens e velhos, que são o começo e o fim de uma permanência no plano da Terra, para que todos encontrassem a porta aberta para novos planos de

LUZ, de PAZ, de AMOR.

O conjunto Terra-homem deveria ter a harmonia por alicerce; assim todos estariam em paz.

O jovem ensina ao velho que o caminho é seguro

NADA É MAIS IMPORTANTE DO QUE O AMOR. O MUNDO NÃO PASSARÁ DE UM PLANO DE EXPIAÇÃO, SE NÃO FOR SUAVIZADO PELO AMOR.

Os acontecimentos dos presentes tempos levam o homem a refletir: onde chegará o plano Terra? Como serão seus habitantes?

O plano estará contaminado em seus mais importantes segmentos, ar, terra, água, vida portanto, pois esses meios são a própria vida.

O ser que habita este ambiente sofrerá também modificações físicas, se bem que lentamente. Toda sua estrutura está calcada em seu meio ambiente e, não podendo mais utilizar os meios naturais, terá que se adaptar e, portanto, se modificará.

O momento é muito delicado, o pensamento do homem está contribuindo para a poluição mental, como os demais danos ao meio ambiente.

Muitos estão mostrando o que acontece, principalmente os jovens desejosos de interromper essa progressão desastrosa; são espíritos que chegam com essa finalidade, pois em outras épocas, como espíritos encarnados, já presenciaram esse mesmo episódio e sentiram na carne a destruição e a dor. Assim, sentem o dever de ajuda e estão aqui para isso.

Os adultos não querem ouvir os jovens, por desconhecerem que esses jovens do presente são mais antigos em vivência do que aqueles que se dizem alicerces de um país, mas que não podem sentir, pois estão sob o domínio de perturbações de todos os lados, estão tomados pela influência negativa que se abateu sobre o plano. Está, portanto, nos jovens a indicação de uma libertação.

O homem atual está se destruindo, todos os males do momento são sua produção, que às vezes atacam também os jovens, que se deixam enredar nas malhas dos tóxicos, e também é do adulto essa nefasta influência. É imprescindível, e valerá a pena, toda sorte de repressão ao vício e à corrupção.

Os pais não dão a devida atenção aos filhos, mas também vemos o inverso, os filhos apartados dos pais por uma enorme distância; embora sob o mesmo teto, vivem em galáxias diferentes.

É preciso que os jovens mostrem aos adultos que nada se consegue, não haverá modificações, se não houver harmonia, e que, se todos ouvirem a voz da razão, deixarão caminho aberto para que os sentimentos aflorem e lhes traga a liberdade, pois caminhando juntos, livres, descobrirão que a vida só é vitoriosa quando envolta na

LUZ, na PAZ, no AMOR.

Todos formam um conjunto, uns atuam sobre os outros. Faça sua parte.

O homem é a união corpo e espírito que voltará ao ponto de partida

OS TEMPERAMENTOS HUMANOS ESTÃO EM CONFLITO, NADA CAMINHA EM HARMONIA, O MOMENTO É DE DESAJUSTE. TODOS OS HOMENS ESTÃO INVIGILANTES, TRAZENDO PARA SEU PRÓPRIO MEIO A DESARMONIA E O CAOS.

O momento presente tem sido para o homem de difícil acesso em sua evolução; em sua consciência têm-se alojado a dúvida e a desatenção.

Dúvida, pois ele mesmo não está se conhecendo, ignorando completamente seu próprio sentir; desatenção, pois não dispensa a si próprio um mínimo de tempo à reflexão.

O homem, formado, como está, por dezenas de empecilhos fora de propósito, querendo ter acesso a si próprio de uma compreensão fora de equilíbrio de seu estar, dá oportunidade que encontre sempre o desamor e a aflição.

No momento presente de conflitos e desatenção, o ser humano se envolve por densa vibração, colocando em seu íntimo a dúvida, pois está entrando num mundo que antes era respeitado e em observação e, por sua formação, nos tempos atuais, o homem não respeita sua condição divina, acarretando assim graves conseqüências, pois, não crendo, gera um estado impeditivo a sua própria ascensão. O ser humano já não teme e não ora em suas dificuldades; encontra em seu meio ilusório tal conforto.

Estando o homem desprovido de seus sentimentos de harmonia, estará fadado ao desânimo, ao desamor, torna-se assim um ser desestruturado, sem alicerce que o sustente, pois seu próprio íntimo está desguarnecido do sentimento básico, o amor.

Quem não se alimenta está deixando de fortalecer a fonte do desenvolvimento e manutenção de seu corpo físico; do mesmo modo, quem não tem a fonte da misericórdia, da fé, não dá ao corpo de sentimentos o néctar que o coloca em seu caminho de ascensão. Trazendo para seu viver o desamor por seu ser, estará fadado a fenecer.

Nada se coloca em ascensão se não impulsionado por força propulsora, mas o que estamos constatando é que o ser humano está perdendo seu equilíbrio, deixando-se tomar pelo desânimo e pela dor.

É preciso que ambas as partes sejam alimentadas para que se tornem una, e a fonte divina é o ponto de chegada de todas as fagulhas que partiram, alimentando e dando vida à vida do homem. Portanto, todos se juntarão e se encontrarão sempre no mesmo princípio que é o fim de um caminhar constante que os une na

LUZ, na PAZ, no AMOR

O homem está desguarnecido de sua própria vida, sendo preciso conscientizar-se de que é uno com seus pertences.

O poder de construção e o de destruição caminham juntos

O MOMENTO É IMPORTANTE NA VIDA DO PLANETA TERRA. É PRECISO QUE TODOS SE CONSCIENTIZEM DE QUE O ZELO PELO CHÃO QUE OS HOSPEDA É IMPORTANTE.

A contaminação está se fazendo presente na vida do homem, como se sempre tivesse feito parte dela. Os cuidados estão sendo deixados de lado e os hospitais, que deveriam ser para proteção da saúde, estão se tornando um foco altamente perigoso nos momentos atuais.

— Como fazer para que este mal seja debelado?

Tudo muito simples em sua estrutura, mas o descuido de todos é que está formando base, cada vez mais sólida, para a destruição do ser humano.

É preciso cuidar primeiro dos hospitais, isto todos falam, mas como cuidar de uma instituição de saúde, se o homem não está igualmente cuidado? A educação e a formação profissional também está sendo negligenciada; e, assim, como produzir bons frutos se a sociedade está doente, não tem claras as noções primárias de higiene? É bem verdade que a população do planeta está maior, mas não há de ser por isso que não será cuidada.

— Mas por onde começar?

Do princípio, é claro. Todos podem fazer uma pequena parte, se educando, criando os hábitos de higiene, e um dos mais simples e eficazes é o de lavar as mãos. Muito simples e tão banal para alguns, muito complicado para outros, mas é assim que se faz a primeira transmissão. As atenções para com sua própria pessoa, é claro, dará um suporte, mas o homem está doente e o plano também. A educação é fundamental para a cessação de todo o mal que infesta o viver do homem; será somente pela educação ambiental que se fará valer sua solução.

O meio ambiente é um veículo que transmite doenças, e em todas as ocasiões temos visto continuadas agressões à natureza; são montanhas de lixo que o homem produz com sua frívola vida de consumista, e que o atinge, isso sem tocarmos no lixo atômico que foi produzido e agora o próprio produtor não sabe como desfazer-se dele. É um entrave em sua própria vida, mas pensam os entendidos que poderiam colocá-lo em órbita do próprio planeta, uma verdadeira insensatez, igual como enterrá-lo. Todos esses desvios voltar-se-ão contra ele mesmo.

É importante que tomem um caminho mais equilibrado, pois a iminência de um conflito não se fará esperar, e assim todos sofrerão na mesma ocasião os transtornos resultantes, e, para evitá-lo, seria necessário não produzi-lo.

A vida é uma dádiva, e todos estão a caminho de um só lugar, porém existem os impedimentos produzidos pela vontade humana, mas, se refletissem, chegariam ao natural encontro com as fontes eternas da

LUZ, da PAZ, do AMOR.

*Nada poderá ter mais poder de destruição
do que a própria vontade do homem;
necessário se faz que ele reflita.*

A união será a alavanca para o engrandecimento do ser humano

É IMPORTANTE QUE REFLITAM NOS ACONTECIMENTOS ATUAIS PARA QUE POSSAM DEFINIR SUAS POSIÇÕES.

— As tempestades estão violentas. Será que também são uma produção do homem? Todos os acontecimentos que envolvem, direta ou indiretamente, o planeta Terra são produção do homem, pois sua atuação atinge todos os níveis e, como essas produções se propagam em ondas, vão se alargando, atingindo igualmente alguns corpos celestes que estão em sua órbita.

A natureza atingida se desequilibra, voltando-se contra o próprio plano. Todos estão cientes desses acontecimentos, mas muitos não percebem que igualmente são atingidos em suas vidas íntimas, na de seus sentimentos.

O homem está se encaminhando para a dissolução, para o desamor. Estamos notando isso muito ligado ao equilíbrio familiar, como dissemos muitas vezes, sua vida afetiva, e agora constatamos que o desequilíbrio genético está causando transtornos na concepção do ser humano, demonstrando assim sua atuação.

— O homem está causando danos a sua própria formação?

Sim, está interferindo em sua formação, sentimos que a mulher está se deixando, não é bem o termo, talvez sendo envolvida por grandes danos em seu organismo físico. Sentimos que seus hormônios estão descontrolados, não segregam a quantidade normal e equilibrada de seu poder sobre o corpo humano. Sentimos também que a masculinidade do homem está afetada, e ele sente a transformação profunda que, muitas vezes, leva-o a caminhos diversos, tanto no dos sentimentos, como nas atitudes propriamente físicas.

Tudo isso está ocorrendo, mas o homem continua em sua desatenção permanente, indo para o precipício que o lançará para a degradação. É preciso que todos se conscientizem do perigo que corre a raça humana; no passar dos séculos ela não será mais a mesma, grandes modificações se apresentarão.

Atenção, pois todos serão responsáveis por tudo que está acontecendo, como igualmente responderão por tudo que fizerem. É preciso ter em mente que o amor, o respeito, a coragem fazem parte integrante do ser humano, que poderá se deter ainda da marcha destrutiva, se quiser, e caminhar em direção à

LUZ, à PAZ, ao AMOR.

Todos fazem parte de um princípio, mão se dispersem.

Se você vai só, terá dificuldades

OS TEMPOS ESTÃO PRESENTES, O HOMEM INDIFERENTE PASSA SEM PREOCUPAÇÕES, PENSA QUE TUDO SE RESOLVERÁ CONFORME SUA VONTADE.

Estamos notando que a família continua sendo atingida em seu núcleo mais íntimo; perde seu poder de união. Os membros de um grupo familiar se dispersam, tomam direções diferentes, pois a vida moderna assim o exige. Mas, por que esta situação está marcando o seio familiar, que poderia continuar com sua afinidade sem perder ou ter sua liberdade?

É bem certo que os interesses hoje são diferentes, as posições atingidas, as situações outras causadas pela distância, mas não haveria necessidade do afastamento afetivo. E estamos presenciando este motivo, os jovens têm outros interesses e se afastam dos pais, formando um estar cada vez mais distanciado, acompanhando os chamamentos do mundo que, muitas vezes, não são verdadeiros.

— Como assim?

Os jovens são levados a curiosidade da descoberta, da aventura, e é por esse caminho que seu interesse é chamado, deixando que se desfaçam os laços de afeto. Não se formam mais núcleos estruturados na afinidade afetiva de seus membros.

O homem é produto dos tempos modernos, ele também sofreu modificações, mas nem sempre elas lhe trouxeram equilíbrio, pois a falta de afeto familiar está produzindo seres inseguros, aflitos, querendo dar prova de seu próprio poder, enquanto caminham por caminhos desconhecidos.

— Mas o ser humano está preparado?

Sim, no entanto sua preparação não é total do ponto de vista afetivo. Podem existir muitas conquistas, mas ele está indefeso, sente-se sozinho, desguarnecido de exemplos e está abrindo seu próprio caminho, que muitas vezes faz sangrar suas próprias mãos; tem os pés firmes no chão que escolheu, mas seus passos são incertos por seu desamparo.

O ser humano necessita de afeto, segurança emocional, está em meio a tormentosos momentos de definição, sofre pois tem que chegar onde escolheu, mas, ao mesmo tempo, não sabe o que deseja, está de mãos atadas sem distinguir seu caminho, porque em seu íntimo sabe que só será feliz, terá paz, quando trilhar o caminho interno da

LUZ, da PAZ, do AMOR.

Todos se dirigem ao fim escolhido, mas se colocam em guarda na caminhada.

A força do entendimento entre irmãos

OS QUE TRAZEM AMOR NO CORAÇÃO, SENTIR-SE-ÃO RECONFORTADOS COM SUA DISTRIBUIÇÃO.

O homem guarda no âmago de seu coração-alma seus motivos de encarnação, e aos poucos deixa passar a sua mente física seus propósitos, mas terá que ser vigilante diuturnamente para que fluam sempre, conforme a necessidade de seu irmão. O estado desperto de quem tem sua finalidade de servir é importante, pois ele sente a urgência do socorro a ser dado, e deve, pois, permanecer na condição de doador.

O ser humano é fonte de auxílios, mas muitas vezes não age como deveria; prende para si o que não lhe pertence. Às vezes, por motivos vários, priva-se de auxiliar, e, assim, ele mesmo age contra todo seu potencial tornando-se um carcereiro de uma prisão que não devia existir.

É um estado permanente de doação quem tem auxílios do Cosmo; quem armazena esses auxílios terá dificuldades, pois a circulação de bens só aumenta seu potencial pois, quando circulam, acontece para o possuidor deste dom de passar auxílios, uma soma igual a que ele destina a seus irmãos.

Sempre alertamos este ponto: quem mais distribuir, mais terá. É uma lei divina que protege seu manancial; assim como a floresta guarda sua fonte, assim também a fonte de auxílios que existe no coração do homem, ela nasce cristalina como as águas da fonte que seguem a caminho do mar. O ser humano é fonte de vida e amor, e, assim, fazer uso de seus dons a todo instante, estará fazendo circular os poderes miraculosos de seus sentimentos.

Quem dá, recebe; quem faz circular, aumenta seu estoque; quem acolhe com carinho, recebe benefícios amplos do amor do Pai, e assim faz circular seu poder restaurador e ameno do ser humano, proporcionando equilíbrio funcional, produção de equilíbrio e, nessa fonte assim alimentada por outra fonte, surgirá um manancial cristalino de águas que mitigam a sede do caminhante.

Se todos se unirem, todos usufruirão de um bem comum; se todos viverem em harmonia, produziram a própria evolução e assim caminharão envoltos nas sublimes delícias da

LUZ, da PAZ, do AMOR.

Todos pertencem a um mesmo princípio.
Todos serão amparados com a força que
emana de sua própria fonte.

Agora é seu tempo; não deixai para mais tarde

OS QUE SE LAMENTAM DEVERIAM OBSERVAR O QUE FAZEM, SE ESTÃO REALIZANDO AQUILO A QUE REALMENTE SE PROPUZERAM, PARA QUE NÃO TORNEM EM DECEPÇÃO UMA OPORTUNIDADE.

Nada é simplesmente inoportuno; tudo que acontece ao ser humano tem uma finalidade, às vezes, até de despertar.

— Será que estou fazendo o que devo ou simplesmente me distraindo com minha oportunidade?

Deveriam todos notar esta parte. É importante que se tenha uma oportunidade, mas saber aproveitá-la é o que mais importa.

Muitas vezes o encarnado não sabe a extensão de seu compromisso espiritual, porque lhe foi toldado esse conhecimento. Mas não será por isso que há de passar seu tempo que, digamos de passagem, é curto, sem cumprir suas obrigações, ligadas ao conhecimento, à caridade, ao trabalho em si da evolução.

— Como serão esse deveres e obrigações?

Todos deveriam aproveitar o que lhes quer dar o mundo oculto, mas nem todos percebem, tornamos a dizer, a dádiva desta oportunidade. Alguns percorrem o caminho que lhes é mostrado com dignidade, mas sem a chama do servir apenas pelo fato de amar, esquece-se do tempo, e ele passa; é, então, chamado a seu princípio.

— Como deverá ser o aproveitamento de seu tempo?
A caridade é uma das portas da evolução. Não é só querer possuir; é preciso demonstrar que está à disposição de sua própria encarnação.
— Mas todos estão.
Sim, deveria ser assim, mas os chamamentos da vida física, as distrações, são muitos, e, além disso, há o passado que, como a palavra diz, é passado, mas se o ser humano vive apegado a ele, não vive seu presente.
— As oportunidades estão perdidas?
Nem sempre, muitas vezes apenas interrompidas, mas mesmo assim aproveitadas, pois, quando o homem percebe, está colocando mais à frente seu trabalho do momento. Portanto, é preciso que viva sua vida do presente, fazendo tudo que lhe está ao alcance, sabendo que seu alicerce é alimentado, encarnação a encarnação, para que sua construção seja firme. Só o trabalho se incumbirá do resultado.
— O trabalho então é importante?
Sem trabalho de base nada é fortalecido, e esse se faz a cada minuto, sabendo que seu motivo é a caridade e que esta não se realiza com palavras, mas com atos. Uma vida é apenas um minuto e as horas são feitas destes minutos para se obter um tempo. Se forem firmes em seus propósitos, muitos lucrarão, pois um trabalho individual pertence a todos.
Nada se perde, no entanto. Qualquer experiência é válida e tudo que se recebe terá que ser devolvido. Portanto, o momento exato do trabalho é quando o tempo é presente. Faça de seu momento um eterno retorno à

LUZ, à PAZ, ao AMOR.

Todos têm seu trabalho, cada qual cumpre
a seu modo, mas a recompensa só é
dada pelo que foi realizado.

A fé no coração do homem

O PODER DA FÉ TRAZ PARA O HOMEM O CAMINHO QUE O LEVA À SALVAÇÃO.

Quem tem fé remove montanhas. Esta máxima está em circulação em todos os meios, e é uma verdade popular que rege o universo interior do homem, fazendo-o alcançar seus desejos. Quem pede com fé obterá favores, é outro dito que norteia o viver na carne. Se o homem tem esses dois aliados, falados pela boca do povo, ele tem que estar resguardado; só não o fará se não obedecer à voz de Deus que circula no convívio dos homens.

A fé é bálsamo para as feridas da carne, é uma certeza para todo aquele que crê e tem seus sentimentos voltados para seu irmão. Na sociedade moderna freqüentemente este sentimento se confunde, pois o ter fé é ter coração desejoso do bem, não só para ele como para seus irmãos. Distribuir este bem é sua finalidade pois, crendo, o homem está se tornando apto ao recebimento e quando isto acontece ele distribui com seu irmãos.

O ato humilde e público da fé traz ao ser humano uma auréola de luz que o banha com o bálsamo salutar vindo de seu próprio coração. Dando, se recebe. Portanto, estará formado o fio que prende os encarnados à Fonte do Amor que é Deus, Centro do Universo Cósmico, que mantém o equilíbrio e dá vida à vida da natureza.

Muitos acontecimentos são marcados por um ato de fé,

todos estão envoltos numa esteira de luz espargindo bênçãos aos que temem e oram. Os grandes alcances se dão com o poder da fé; a salvação, como a recuperação do corpo físico, se fazem igualmente por este meio.

Estamos induzindo ao encarnado que use de sua própria fonte por intermédio da fé; ele poderá obter tudo para sua manutenção e sua redenção por este sentimento que liga o homem ao Pai, e fazendo com que alcance a evolução.

— Como dar sem fé?

Não poderá existir este ato, se a fé é um sentimento generoso que reparte em vez de armazenar, tudo que se obtém por seu intermédio torna-se de grandes proporções, e muitas vezes se multiplica indefinidamente. E é por este ato que os desejos de fé chegam ao Pai, voltando para todos que recebem benefícios e alcançam o equilíbrio.

Todos deveriam estar voltados para este sentimento. Tudo seria tão fácil se pudessem repartir e assim mais seriam pautados pela fé, alcançariam, por certo, as fontes eternas da

LUZ, da PAZ, do AMOR.

É preciso ter para dar, sempre, sem relutância, assim todos sairão felizes, alcançarão um potencial e se tornarão fontes de fé, demonstrando assim o alcance de bens que buscam.

Aparências são artifícios da mente

OS ENSINAMENTOS DE NADA VALEM SE O DISCÍPULO NÃO PERCEBE SEU VALOR.

A presença divina no coração do homem traz a paz e a tranqüilidade, só perturbadas por sua própria interferência, pois, ao julgar, o homem se predispõe a ser igualmente julgado; estará, portanto, exposto a conclusões contraditórias.
Nada consegue o homem que se turva em suas próprias águas. É preciso estar vigilante para que se mantenha em equilíbrio, sempre tendo a certeza de que traz em seu coração a chama acesa da benevolência, da compreensão, da harmonia.
Muitas vezes o discípulo se deixa levar por aparências. Já afirmamos que aparências não são situações definidas, muitas há que são mal interpretadas, chegando a um fim não salutar, para a mente, e para o corpo físico.
— Como interferências podem sobrevir, se o discípulo está em seu caminho?
Nem sempre ele sabe compreender o sentido do que lhe querem mostrar e, assim, sua mente física tem informações que interferem em sua parte sensitiva, transformando interferências ocasionais em situações definitivas. Então, há a má interpretação do que lhe é transmitido, e nesta passagem se dá a desarmonia, o desequilíbrio, levando-o à situações não muito agradáveis.
É preciso observar sempre, estar igualmente alerta para não confundir as aparências; elas às vezes são apenas miragens

que causam transformações em situações banais.

Todos estão sujeitos a essas interferências, mas apenas uns poucos sabem interpretá-las e não se confundem, sabem recebê-las e separá-las.

As situações causadas por esses desencontros prejudicam, muitas vezes, compreensões e avaliações, mas, se houver o equilíbrio no recebimento, os efeitos serão menores e tudo volta à harmonia e ao equilíbrio.

A vida presente é cheia desses acontecimentos. Tudo seria tão simples se os homens fossem leais, não tornassem as aparências em escudos protetores de seus atos. O mundo atual seria mais livre e o homem teria paz e, se assim acontecesse, todos estariam em harmonia, em direção à

LUZ, à PAZ, ao AMOR.

A vida aparenta muitas vezes situações verdadeiras, mas o homem não as distingue.

Seu momento é seu, aproveite-o!

OS QUE CAMINHAM ENCONTRARÃO SEUS IRMÃOS NA MESMA ESTRADA, E ESTARÃO JUNTOS POR UM TEMPO. É PRECISO QUE CADA UM TENHA O AMPARO E A PROTEÇÃO NESTE ENCONTRO PARA QUE POSSAM ATINGIR A META.

As ocasiões propícias ao desenvolvimento interior dão a oportunidade do conhecimento, também do discernimento de todos os acontecimentos da alma humana.

Seria importante para o homem se ele estivesse atento sempre, pois a todos os momentos estão se encontrando amigos, mas também desafetos.

Sempre o estar alerta é a parte mais compensadora de uma caminhada. O homem cônscio de seus afazeres e deveres é uma fonte de informações para seus companheiros. Suas conquistas, sua experiência lhe dá a oportunidade de servir, que é sua principal intenção, fazendo dele um verdadeiro ponto de parada para todo aquele que caminha sem direção. E quantos há que não sabem para onde ir.

O itinerário do homem é um só, para dentro de si mesmo, mas sua atenção é despertada por muitos chamamentos, dando assim permissão que se distraia, e esta é uma das razões mais importantes de impedimento para uma evolução. A distração apanha o homem desprevenido, como é evidente, e quando esse homem tem sua atenção constante e ativa, plena, em tudo o que faz, estará livre, caminhará.

— Mas, se os caminhos estão cheios de distrações, é difícil atingir a meta?

Sim, está aí a dificuldade maior. Mas quando o ser humano é liberto de todos os ressaibos, caminha livremente, tem sua atenção plena, deixa-se guiar por seu coração de sentimentos e estes estão claros, nada o impedirá de atingir seu objetivo maior. Portanto, não há dúvidas quanto ao que terá que fazer. Somente o homem é culpado daquilo que o atinge e, se ele se torna independente dele mesmo, tem sua mente física afastada de seu íntimo, ganhará a tranqüilidade, terá seu objetivo garantido. Sem isso, ele sofrerá seu destino e não terá paz.

— O momento que passa na carne é assim tão importante?

Sim, seu momento é seu, mas se esse tempo não for aproveitado devidamente, terá perdido sua vez, tudo, todo o esforço de uma encarnação e, o que é mais grave, ocupou a vez de outro espírito que poderia aproveitar essa mesma oportunidade que ele não quis.

Tudo se consegue quando se está pautado pela

LUZ, pela PAZ, pelo AMOR.

Tudo passa e sua vez também passará, portanto, desperte para a vida que ela é a glória de se fazer bom.

A destruição será feita pelas mãos do homem

OS QUE PASSAM AO LARGO SEM SE IMPORTAREM COM OS ACONTECIMENTOS DO MEIO AMBIENTE, ESTÃO TAMBÉM SE PROPONDO AS SUAS INFLUÊNCIAS. QUEM CALA SE OMITE, PORTANTO, SOFRE AS CONSEQÜÊNCIAS DE SEU SILÊNCIO.

É preciso acordar para viver melhor, acordar, dizemos nós, para os acontecimentos que agridem a natureza.

— Como ficar omisso diante dos fatos?

Muitos estão alheios, outros sabem que é de sua produção uma parte que está destruindo a vida do outro, como são os poluentes espalhados pela natureza, contaminando o ar, mas mesmo assim preferem a prosperidade, o acúmulo de riqueza, mesmo também se prejudicando. Não dá ouvidos ao que alertam os técnicos e continuam dando sua contribuição à destruição e ao extermínio.

— Esse proceder poderá continuar sem que cause danos irreversíveis?

Poder não pode, mas continuar é permitido por sua própria vontade e, o que é pior, destrói seu próprio mundo, tira a possibilidade de vida a seu redor, talvez a vida dos que chegam em seu próprio lar.

— Por que esse desamor? Por que essa agressão?

Às vezes o homem até é conhecedor daquilo que produz, mas como já dissemos, a ganância, a posse de bens terrenos, a exploração de seu território efêmero, que é de sua posse, pensa ele, expõe-se ao extermínio, e não se dá ao cumprimento e observação dos que amam a natureza e trabalham em sua defesa.

O homem está trilhando um caminho sem volta, está indo para seu extermínio, pois ele também vive e respira, está no mesmo ambiente em que estão todos, inclusive seu tesouro terreno, sua fonte de exploração.

— Por que será que o homem está alheio?

Por falta de vontade. Achamos que ele é bem informado, pois a imprensa circula diariamente chamando-o à atenção. São campanhas e mais campanhas a favor da natureza, principalmente entre jovens, mas o homem, administrando seus bens, suas riquezas, esquece-se de que este pedaço de chão pertence a todos, de que não é senhor absoluto da razão, e tem que respeitar seus companheiros que vivem livres na natureza.

— Que o aguarda?

Muitas decepções, pois será por suas próprias mãos que tudo irá se encaminhando. A energia atômica empregada em usinas nucleares é um perigo, mas está na mão do homem e ele quer a todo custo que seu projeto vá adiante. O ar está contaminado e os desastres ambientais contaminam as águas. Não pensem que o que acontece no outro lado do mundo não afeta os que estão aqui, opostos; tudo é de todos e, portanto, a poluição age em todos os sentidos.

Que todos possam se esclarecer para que mais adiante colham o que plantaram e caminhem no sentido da

LUZ, da PAZ, do AMOR.

O homem precisa tomar sua verdadeira posição, habitante que é deste planeta, e não o extermine.

As necessidades do ser humano

OS QUE PADECEM SUAS DORES ENCONTRARÃO ALÍVIO SE CAMINHAREM PARA DENTRO DE SI MESMOS, APROFUNDANDO-SE NA FÉ. TODOS ENCONTRARÃO RESPOSTAS.

As vicissitudes a que estão sujeitos os humanos dão oportunidades a que se agrupem, pois não há guarida para quem se afasta, tornando-se alvo de desequilíbrio.

O homem solitário está fadado a ser atingido por correntes que circulam no mundo sideral, e às vezes elas ainda fazem com que esse homem se torne um estranho em seu grupo humano. Vemos muitos irmãos em solidão permanente, dando até impressão que estão vazios de sentimentos.

— Para que se sintam protegidos, devem procurar seus grupos?

Nem todos sabem que esses grupos existem, tal a solidão em que se encontram. Talvez, se os componentes desses grupos forçassem uma aproximação, fosse de grande valia, pois o ser humano solitário tem sérios comprometimentos em seu corpo físico.

— Como assim?

O estado mórbido daquele que se exclui de seus companheiros traz distúrbios funcionais em seu organismo, fazendo com que seus alicerces se abalem e seu comportamento se modifique. A parte circulatória dos solitários é comprometida e seu sistema linfático sofrerá sérios distúrbios. Está provado que o ser humano só pode florescer quando apoiado por seus irmãos, e é aí que entra a compreensão dos que o rodeiam.

É preciso verificar a causa principal desse conflito; a aproximação desse grupo humano se deve à solidariedade para que todos se unam em torno de um objetivo, pois o homem se enaltece quando compreende que está neste plano para o amor e a caridade.

O homem se abre como uma flor, no entanto, é preciso que se una em volta de uma vontade de servir o próprio coração, dando a seu irmão aquilo que lhe falta; o calor humano é a parte saudável de todo processo de reconciliação do ser humano com ele próprio, e assim caminharão unidos às fontes eternas da

LUZ, da PAZ, do AMOR.

Que a compreensão seja a base principal de todo auxílio, que o amor seja o impulso principal de tudo primeiro passo à compreensão e o apoio para que se coloque na faixa de servir.

O esforço de cada um faz parte de um todo

A FINALIDADE DO HOMEM É DAR TESTEMUNHO DE QUE É HUMANO, AMANDO SEUS IRMÃOS.

O existente e o inexistente não existem, o que está é uno com o todo e o todo é o Centro da Criação.

Os acontecimentos dos últimos tempos têm chamado a atenção do homem para que reflita, está à beira de um abismo; ele não se torna uno consigo mesmo e projeta seu interesse em coisas que estão fora, que o chamam à distração.

— Mas como este estado?

É um estado um tanto sonambúlico; ele existe, pensa, mas está fora da realidade de sua permanência na face da Terra. Seria natural que ele se colocasse em alerta para que recebesse os ensinamentos de seu próprio eu, que possui uma sabedoria divina; mas não, a comodidade de estar distraído lhe traz satisfação.

— Como?

Não dando atenção às coisas que o incomodam, supondo que com essa atitude as elimina, mas também não sabe que elas existem porque ele as formou, são adquiridas no passado de suas vidas sucessivas, portanto, fazem parte de sua bagagem e, se ele não as quer ver hoje, verá amanhã, não podendo adiar indefinidamente.

Observamos a distância que se forma entre o homem e seu próprio dever. A continuidade de sua vida, que é uma só, ele a denigre com sua insensatez e, quanto mais se fizer de desentendido para sua intenção, quanto mais adiará seu achado e assim mais tardará sua libertação.

O homem se arrasta enquanto poderia estar radioso de pé, caminhando em direção ao Centro onde ele foi formado, mas a comodidade do momento de encarnação é o grande abismo em que se lança.

— Mas poderá refletir?

Sim, poderá refletir, mas para tanto seria indispensável que mudasse de atitude, olhasse para dentro onde está sua marca, sua direção. E, se todos fizessem apenas uma reflexão, sentiriam que tudo se faria claro, bastando que o homem ouvisse sua própria voz. Aí, sim, sua vida se abriria em floração, e seus achados seriam os mentores de sua evolução, e quem sairia lucrando como grande vencedor seria ele mesmo, que se juntaria a tantos outros que assim o fizeram e não seria somente um ponto brilhante que se dirigiria ao Centro, mas um facho de claridade intensa em demanda à

LUZ, à PAZ, ao AMOR.

Todos juntos formarão o resguardo necessário para a chegada.

O homem faz aquilo que recebe

O MOMENTO ATUAL É DE TRANSFORMAÇÃO, MUITOS CONCEITOS SERÃO REFORMULADOS. NADA SE PERDERÁ, O HOMEM SE MODIFICARÁ.

As opiniões sobre a evolução, as correntes religiosas, a compreensão e as descobertas se multiplicarão; todas as questões que são motivo das pesquisas do homem, ele as solucionará.

— Será assim tão fácil?

Não queremos dizer com isso que todas as soluções serão descobertas assim naturalmente; não podemos querer que a luz se faça, mas sabemos que as atitudes do homem se modificarão, portanto, seu senso será mais apurado como também serão amenas suas atitudes e ele atingirá sua intenção.

— E qual a intenção?

Digamos que ele quer descobertas, mas que esse desejo não tenha um caráter de interesse verdadeiro; seria mais para satisfação de sua vaidade. Então, ele não ultrapassará a barreira que ele mesmo se impôs, pois nada lhe será desvendado. O homem se distanciou de si mesmo, e vemos muitos cientistas que pesquisam em busca de sucesso pessoal, sem o mínimo interesse no bem da humanidade, levando assim toda sua procura para o lado fútil e mesquinho.

Queremos dizer, portanto, que muitas descobertas estão sendo torcidas para a destruição e a dor, como no caso da energia atômica que tantos males causou e causará ainda à humanidade. A conseqüência que a má utilização das descobertas tem causado ao viver humano. O homem necessita se conter e procurar dentro de si mesmo a essência divina para que possa receber o que lhe é devido, pois tudo que está no plano Terra é para seu bem-estar; mas ele próprio procura transformar tudo em fonte de sofrimento. No meio à natureza está presente o desequilíbrio ecológico, feito pelo homem, pela má interpretação de sua técnica. Sua manutenção tem sido prejudicada.

— Como assim?

Vemos que seus campos, outrora férteis, têm se tornado estéreis; tudo que tem conseguido não se compara ao já obtido. Contaminação de suas águas, de seu poder agrícola, vemos ainda que sua técnica contamina os ares, ele já não respira aquilo que lhe é dado de graça pela natureza, que é o oxigênio, sofrendo assim males no corpo físico, pondo fim a sua própria vida.

— E ainda haverá reparos?

Sim, sempre há esperança, mas o homem sofrerá por sua técnica, ele não saberá como usá-la para seu próprio bem e se extinguirá, portanto, perdendo a oportunidade que lhe dá a natureza: um viver cercado de benfeitorias para sua própria manutenção na

LUZ, na PAZ, no AMOR.

O homem se perderá em seus caminhos por ele contaminados.

A vida é a guardiã do plano

OS QUE ESTÃO AGUARDANDO OPORTUNIDADE DE SERVIR QUE O FAÇAM DE IMEDIATO. O TEMPO URGE E QUEM DEIXA PARA DEPOIS PERDE A OPORTUNIDADE.

Os ensinamentos da natureza estão por toda a parte; os incautos caminham e não vêem.

É necessário que despertem para os problemas da vida, de sua permanência no plano Terra, para que não cometam loucuras contra a natureza. Quem sofrerá é o próprio homem.

Neste momento atual, as depredações, os agravos que estão sendo feitos contra ela, colocam em risco a própria vida, e se o homem não modificar essa atitude predadora, modificará com sua ação de tal jeito a natureza, que sua permanência aqui se extinguirá.

— Como poderá acontecer tal calamidade?

Pela própria atuação do homem, que vem sendo assim desordenada. Tudo que ele requisita para sua comodidade traz prejuízos a sua própria vida; seu comodismo é sua ruína. Muitas vezes o que lhe traz conforto, traz também desconforto a seu meio, como o caso, sempre lembrado da radiação atômica que se espalha sem controle, levando ao caos este belo cenário que é a natureza e contaminando o ar que é essencial à manutenção da vida.

A consciência humana está distorcida, o próprio homem se incumbe de arruinar sua vida, esquecendo-se de sua finalidade,

que é a distribuição de bens maiores, o amor e a caridade.
— Como se esqueceu dessas fontes?
Apenas porque se distanciou delas, permitindo que se desvirtuasse seu princípio, que é o servir.
— Mas como aconteceu?
Lentamente, e agora o homem se instalou em seu egoísmo, tornando sua presença no plano físico uma ameaça a seus demais companheiros de ocasião.
— Como assim?
Contaminando os ares, os mares, a terra, estará também pondo em risco a vida de seus irmãos do reino animal, indefesos que são, eles apenas vivem. Quando matam ou destroem, fazem-no por instinto de defesa ou de sobrevivência, sem requintes de maldade, como faz o homem.

É preciso viver e deixar viver os demais. Isto é lei natural que se aplica a todos, pois o plano Terra pertence a quem nele vive e é infinita a quantidade de seres que nele habitam, todos criados pela Força Central e Divina que dá Seu amor imortal.

O homem esqueceu por completo que sua presença é importante para fazer viver a vida que lhe foi dada, deveria ser fonte eterna de todos os sentimentos, mas nunca se esquecendo de que sua permanência só será favorecida quando caminhar em direção à

LUZ, à PAZ, ao AMOR.

Quem vive deixa que os demais
vivam usufruindo do mesmo bem.

Quem respeita, recebe

NADA HÁ MAIS IMPORTANTE NA VIDA DO QUE A PRÓ-PRIA VIDA, E O HOMEM PASSA POR ELA SEM SE DAR CONTA DO BEM COM QUE FOI FAVORECIDO.

Nos tempos atuais estão todos aflitos, padecem por suas próprias atitudes em relação ao momento da encarnação, que realmente está se tornando uma prova cheia de expiações, embora muitas vezes o espírito não as tenha, mas este mundo contraditório e cheio de sofrimento é para ele uma prova.
— Como o homem procede contra sua própria vida?
Todos seus atos insensatos estão levando-o ao sofrimento, seja contaminando seu meio, seja alterando profundamente seus sentimentos, que estão se tornando seus inimigos.
— Mas como assim?
O homem está invigilante, deixando passar para seu mundo toda sorte de vibrações produzidas por seu próprio sentir. Temos visto ondas de grandes proporções invadindo espaços e deixando os indefesos à mercê destas influências, pois, quem contamina ambientes com seu pensamento, emite ondas que atingem seus irmãos.
— Como irmãos?
Todos os do reino animal, quanto do vegetal, as flores, as matas, as cachoeiras. Portanto, mais uma vez alertamos, o homem perecerá por sua própria razão.
Nada se constrói em cima de ruínas, e esta influência está

danificando alicerces; até o núcleo familiar está comprometido, seus componentes estão dispersos pela cobiça, pelo desamor, investindo uns contra os outros, trazendo para seu viver a destruição.

É preciso refletir e compreender que tudo tem seu sentido e não poderá ser desvirtuada sua rota, sem que ocorra, por conseqüência, uma série de infortúnios. A sociedade não atingirá sua finalidade que é progredir, está se dissipando, os grupos estão ávidos de poder e, como dissemos, nada se constrói sobre ruínas e cada vez mais se aproxima do caos e da dor; quanto mais fizer, mais receberá.

O meio ambiente está sofrendo mais que o homem propriamente. Nada ficará impune, tudo será ressarcido; assim como danificou, será danificado, isto é o que receberá.

A natureza é soberba em seus princípios, tudo foi conduzido e é dirigido por Mente Sublime, para que o homem aqui florescesse.

O momento é aflitivo e é necessário que o homem desperte e se lembre de que está envolto, foi concebido pela

LUZ, pela PAZ, pelo AMOR.

*A verdadeira vida está no respeito
e na compreensão do que lhe é dado.*

O homem estará presente quando despertar

Os peregrinos da Terra estão deixando suas manifestações destilarem seus malefícios, dando uma contribuição destruidora ao plano que os hospeda.

Muitas eras foram passadas desde que aqui chegaram os seres humanos e outras tantas ainda passarão sem que os atinja o sublime desejo da libertação, que dá oportunidade de conhecerem o caminho. Muitos não atinarão com seu começo e, quando este começo não é dirigido pelo sentimento do amor fraterno, não atingirão seu itinerário.

— Como assim?

Todos os que procuram esta descoberta, do achado do caminho, têm por base este alicerce, e se não o possuem instalado em seu coração, perderão o indício e portanto estarão à deriva, e muitos deles se perderão pelos numerosos atalhos que os levarão aos dissabores.

— Pois quem caminha não está seguro?

Se for alicerçado por este sentimento, mas se levar seu coração vazio, estará predisposto a assaltos de sua própria indecisão. O homem, exilado como está em si próprio, não encontrará uma solução que o leve, estará subjugado a seus desvios de comportamento, acarretando assim sua derrota.

Os espíritos que neste plano habitam sofrem de solidão, estão num plano de beleza sem igual, mas eles não sabem apreciá-la devidamente e nem cultivam seus sentimentos mais nobres, desconhecem o paraíso e se precipitam no caos.

— Então, qual a vantagem de aqui permanecer, se ele nem distingue aquilo que tem?

Seria uma oportunidade de reconhecimento. Pela vontade divina encarnou, mas sua constituição biológica está interferindo e se modificando; seus sentimentos são egoístas e, assim atuando seu livre-arbítrio, ele próprio produz a rede que tolhe seus movimentos, dando ao meio motivos de degeneração por sua própria vontade.

O homem vive só, embora esteja rodeado de irmãos. Sua solidão se faz presente por descuido, não se ama o quanto deveria, pois sendo irmão tem oportunidade de provar a si mesmo que está aqui para servir-se, melhorando sua condição de peregrino que é. Se seu esforço viesse à tona, encontraria reforços e caminharia amparado por seus companheiros; todos seriam beneficiados, pois o que fosse dado a um seria repartido com todos, o meio ambiente exultaria em harmonia e o florescimento do Plano seria alcançado, e assim todos juntos em harmonia se dirigiriam sempre à

LUZ, à PAZ, ao AMOR..

Os homens são estranhos a si próprios, deixam para trás toda uma ocasião de glória.

A meditação dá harmonia e paz

O PODER DA FÉ DÁ SEGURANÇA AO VIVER DO HOMEM, MAS A CONCENTRAÇÃO, A MEDITAÇÃO FAZ COM QUE ELE SE ELEVE E PENETRE SEU PRÓPRIO SER, TRAZENDO PARA SEU ESPÍRITO A EVOLUÇÃO.

O ser humano necessita da meditação como veículo de ligação com sua fonte, que lhe mostrará seu caminho e lhe dará possibilidades de aurir da Fonte seu equilíbrio.

— O meditar é assim tão importante?

A meditação é o intercâmbio que o homem se propõe, porquanto está em sua reserva seu potencial de alcance; a meditação é o alimento da alma, é a força vital de energia enviada pelo Cosmo.

— Sendo assim, o homem perde o essencial, sua manutenção, se não praticar a meditação?

Sim, o homem tem a Fonte a sua disposição e morre de sede. Sabedor dessa manutenção, não a usa por pura desatenção. É necessário esse hábito no viver presente, não sendo preciso que se exclua de seu labor diário, pois, mesmo estando em convívio, ele poderá alcançar níveis satisfatórios de meditação se souber, para tanto, isolar-se de seu momento; ele estará em profunda meditação mesmo em meio à multidão, bastando apenas sua vontade.

— Mas só a vontade é necessária?

O homem tem seu livre-arbítrio e portanto saberá também

se educar; é uma educação interior. Depois, o hábito de ir buscar a paz se instalará de pronto em seu viver e, em minutos, receberá todo o auxílio que necessitar, basta que saiba invocá-lo.

— Sendo assim, por que essa desatenção?

Pelos chamamentos do mundo físico, que continuamente o envolvem, levando o homem para longe de si mesmo, trazendo para seu viver a instabilidade, e a desarmonia funcional. Não é só ficar parado que significa estar se comunicando; não é só querer ficar em silêncio físico, se sua mente tumultuada investe indomável sobre si mesmo, dando mais desassossego do que qualquer tempestade; ela atua dominadora, deixando o homem mais inseguro e amargurado pela frustração.

— O silêncio é fundamental?

Sim, o silêncio do corpo, o silêncio dos sentidos, a desassociação da mente, isto dá a chance de alcance e para tanto o homem pode se isolar estando acompanhado, seu altar é seu coração, e este está com ele sempre.

É preciso silenciar para poder ouvir o som que abre as portas da percepção, fazendo com que o homem caminhe para dentro dando-lhe a liberdade de estar unido à

LUZ, à PAZ, ao AMOR.

O silêncio está em seu coração. É preciso acordá-lo para ouvir seu próprio som.

O homem não é solitário

A PRESENÇA DOS QUE TRABALHAM ESTÁ MARCADA POR SEUS SENTIMENTOS; NADA HÁ QUE POSSA SUPLANTÁ-LOS.

O homem neste plano é dirigido por seus sentimentos, impulsos de seu coração, que constantemente o colocam em prova, no decorrer da convivência com seus irmãos.
— Há necessidade, para provar esses sentimentos, que esteja em convivência com seus irmãos?
O homem pode provar-se também a si próprio.
— Como a si próprio?
Dando todas as oportunidades de se melhorar, pois qual o mais próximo, qual a melhor companhia do que estar seguro daquilo que faz? Ninguém está sozinho, todos estão acompanhados por seus haveres, que são seus sentimentos.
Não há solidão, apenas existe o descuido, que leva o homem para longe de si mesmo; nada há de mais certo do que seu entrosamento com seu coração, que lhe dá provas de que aqui veio com um fim.
— E qual essa finalidade?
Estar sempre presente ao lado de seus irmãos, pois as situações proporcionam essa oportunidade. Estamos certos de que nada é mais prejudicial do que o homem afastar-se de si mesmo, demonstrando todo desamor que existe por sua criação, trazendo para si próprio o desânimo e o desamor às coisas do Pai.

Mas ele deve compreender que não está só, não está isolado; existem mundos, seres que gravitam em seu redor e ele não os percebe, porque não está em sintonia consigo mesmo. Como compreender o que se passa a seu lado se ele não está em companhia de si mesmo?
— O homem é assim tão solitário?
A ponto de se sentir infeliz. Mas, se ele tem seus próprios sentimentos que o acompanham até à volta, não há solidão. Quando o amor existe, quando a solidariedade está presente, esses sentimentos fazem do ser humano uma fonte de auxílios e quem pode fazer isto também poderá se abastecer. Portanto, não há solidão, apenas reclusão por sua livre e espontânea vontade.

É preciso observar todos os momentos, são preciosos para o viver na carne e devem ser igualmente proveitosos para ambos, corpo e espírito; se houver essa união, tudo estará em perfeita harmonia e o ser humano alçará vôo a melhores planos, galgará paisagens cheias de luz e de esperança, e quem tem essa direção nunca estará sozinho.

O homem foi feito para viver em grupo, seja esse grupo composto de apenas um, mas se atingir a faixa excelsa do amor, a espiritualidade se tornará o veículo que o conduzirá à

LUZ, à PAZ, ao AMOR.

*O estar só não quer dizer que
esteja apartado de si mesmo.*

O amor pelo amor, o sofrer pelo sofrer!

OS QUE BUSCAM CONSOLO NA FÉ SERÃO AMPARADOS E AMADOS PELO PAI.

Nos dias que passam, muitos contratempos se darão no viver do homem em virtude de seu próprio desempenho.

Estão se aproximando muitos transtornos em sua vida, pois a cada passo segue-se uma destruição. O caos em que se encontra o plano Terra é um evidência de que o homem chegou a seu ponto máximo de saturação; ele se precipitará.

É preciso que ele seja mais comedido em seu proceder; seu meio ambiente está saturado de sua influência maléfica e todo seu paraíso ruirá.

— Mas não será este o caminho?

Sim, concordamos que é um caminho, mas a transformação do planeta está em processo adiantado. Em todos os pontos estão acontecendo oscilações no meio ambiente, trazendo para a vida sérios transtornos, tais como o desequilíbrio nas estações climáticas.

— Mas, isso não é natural, as modificações?

Seria, se elas se processassem naturalmente, não produzidas; aí entra a turbulência e o homem é o seu maior sofredor, pois os que uns fazem, todos recebem, é desigual esta partilha.

A natureza está em modificações, mas a evolução tecnológica apressou esses acontecimentos; o homem do campo, em sua maioria, não sabe lidar com a própria terra, e a contaminação está se apresentando à mesa do homem, intoxicando sua família, e esse homem do campo está morrendo, e o que é pior, por ignorância.

As modificações externas estão tomando proporções assustadoras. Mas as internas estão sendo ainda mais devastadoras. Os sentimentos já não são os mesmos que nortearam sua criação; todos se lamentam entre si, mas continuam dando guarida a que eles se avolumem cada vez mais, destruindo o ser humano que quase não se nota mais que é humano, propriamente dito. Os valores morais estão se modificando a ponto de levarem o homem ao mais baixo estágio de degradação, estão se anulando; o amor já não existe, o afeto, o companheirismo se diluíram no caos. Agora é findo todos os sentimentos.

— Não há esperanças para o homem?

Só o amor pelo amor o salvará, só o sofrer pelo sofrer. Ele despertará trazendo de volta a seu viver sua fé, sua coragem, sua confiança adormecida em seu coração. Pelo amor do Pai, por Seu reconhecimento, ele atingirá seu antigo caminho, aquele que o fará retornar à

LUZ, à PAZ, ao AMOR.

Nada mudará, se o homem não se dispuser a fazê-lo!

É preciso despertar!

A VIDA DEVE SER VIVIDA A CADA MINUTO, NÃO JOGUE FORA A OPORTUNIDADE QUE LHE DÁ O PAI.

Os acontecimentos se sucedem, estamos entrando no século XXI e o homem ainda continua o mesmo, agora com mais requinte de crueldade. Todas as oportunidades, ele as perde, pois é preciso modificar seu proceder. Alguns estão despertos, porém a influência nos demais é diminuta. Mas essa gota d'água no mar dos desencontros surtirá efeito, a longo prazo, sabemos, mas atingirá seu alvo, disso temos certeza.

— Como será o homem de amanhã?

Com trabalho, perseverança e acima de tudo muito amor, vencerá. A humildade e a fé, terão que emergir, trazendo à tona sua formação divina, então percorrerá seu caminho.

— O homem teve sempre essas atitudes?

No princípio aflorava seu lado angélico. Com o passar do tempo, foi se modificando, seu modo de amar também; agora temos um homem seco por dentro, capaz de matar por divertimento seu semelhante, como a seus irmãos de outros reinos; mata até seu próprio ar, o solo que lhe dá o sustento. Vemos, então, que ele está caminhando para o caos, mas ainda resta um pressentimento de que haverá uma saída.

— Como?

A modificação. A introspecção fará dele um antigo ser, sua

vontade será suplantada pelo ser crístico que existe dentro dele, em sua formação. Cada homem é um universo, cada ser um criador, mas neste período ele está perturbado por seu egoísmo, sua avidez, mas voltará à razão pelo sofrimento.

A natureza está reagindo ao mau uso de seu solo, a revolta do meio ambiente está se fazendo sentir, e até o fim deste século muitos acontecimentos se darão, muito além da imaginação humana, e todos sofrerão suas conseqüências.

— Então, por que o homem, o único animal destruidor por prazer, continua?

Por ambição, ou talvez por sua própria desinformação, mas o que produz um, sofrerão todos, pois as conseqüências de uma ação fazem ruir toda uma construção de harmonia, e o ser humano se verá acuado em seu próprio meio e por sua ação direta. O homem terá de volta as agressões que infringir à natureza, receberá aquilo que merecer.

Todos os efeitos produzidos são devolvidos, a intensidade sempre é maior em sua volta, pois recolhe em toda a trajetória as migalhas da atuação do homem ao longo dos tempos.

É preciso despertar! E se todos o fizerem caminharão juntos às fontes da

LUZ, da PAZ, do AMOR.

A transformação se fará e a solução também, uma é conseqüência da outra.

O tempo de permanência está à prova

OS TEMPOS ATUAIS ESTÃO SENDO DUROS, PORTANTO, O HOMEM DEVERIA SE ABRIGAR MAIS EM SEU CORAÇÃO PARA SE ESCUDAR.

As vicissitudes da vida dão oportunidade ao homem que se decida entre o bem e o mal, para que possa interpretar seus sentimentos.

— Então o homem nesta vida deve escolher?

Sim, o homem tem dois caminhos, mas não deverá, em benefício próprio, usar de duas medidas; ele deve escolher com condições de percorrê-lo, embora muitas vezes atinja-o as conseqüências de sua escolha, mas ele tem que aceitar tudo que esse ato contém.

Por exemplo, quando o homem toma medidas, sabendo de antemão que, se usá-las, poderá sofrer, ele terá que caminhar por seu caminho e muitas vezes percorrer atalhos, mas as decepções e os sofrimentos serão seus companheiros.

Está na preparação interior todo seu alicerce, e se ele escolhe o caminho no centro, fica à mercê dos acontecimentos, mas sua parte é mais amena, pois não escolheu, recebe portanto aquilo que lhe é dado.

A vida no plano da Terra está se tornando um martírio para todos, sejam os que escolhem com o coração ou não, pois, na hora da vivência, todos ficam sujeitos ao mesmo ambiente, sofrem os horrores da sociedade moderna, perdem a paz do

tempo em que era hospedeiro do bem, torna-se seu próprio algoz, danificando seu habitat, está num lugar que se transformou, se bem que com sua própria influência, em seu martírio.
— Por que tudo isto está acontecendo?
Por influência da cobiça, da maledicência e principalmente pelo desamor. Não existe mais fraternidade em sua totalidade, todos caminham com suas próprias decepções, desilusões, não atingem mais seus irmãos, vivem, mas não usufruem da vida, passam por ela.

Quando houver o despertar, tudo será pleno de glória e poder, pois o ser humano é divino, traz em seu princípio este poder, é bem verdade que se contaminou por sua invigilância, mas será por vigilância plena que ele voltará. Porém, só depois de ter sofrido e amargurado se erguerá, tudo tem que ser passado com esforço próprio, ter aquilo que lhe é dado e foi depositado em seu coração.

A segurança será sempre um ponto de apoio; como a insegurança lhe deu essa coragem, ele seguirá seus próprios passos, retornará e encontrará então a sua espera aquilo que sempre teve, pois todos voltarão, embora sofridos, mas regenerados, à

LUZ, à PAZ, ao AMOR.

O tempo faz seu trabalho, o homem sofre, mas se regenerará e caminhará.

Está na vontade a força que o elevará

OS CAMINHOS DO HOMEM SÃO TORTUOSOS, MAS PODERÁ FAZÊ-LOS SUAVES SE COMPREENDER SUA PRÓPRIA VIDA.

As dificuldades desaparecerão se o caminhante tiver a intenção clara em seu viver, mas, para tanto, necessita urgentemente de mudanças em sua personalidade.

— Como mudanças?

O homem está se enredando, indo ao encontro de dificuldades em seu meio ambiente. O caminho que escolheu tem sido de destruição, pois estão vendo as cidades se enovelarem de gazes tóxicos, seus ouvidos já não suportam os ruídos que lhe chegam como gritos de socorro; portanto, o caminho da escolha do homem não terá volta se ele não parar para pensar, refletir em sua atuação.

— Mas não é a era moderna?

Poderá haver modernização sem que para tanto sua vida seja insuportável. Há muitos meios de evolução na técnica sem que traga prejuízos, mas o descuido e a ganância em sempre produzir mais é que leva o homem a este estado de desequilíbrio.

— Então, não é por sua vontade?

Muitas vezes o próprio homem é manipulado e não sente essa influência; seus sentimentos estão desordenados, suas atitudes acompanham esse desequilíbrio, e a ganância de lucros imediatos faz com que não pense nos danos causados a tercei-

ros, e o mais atingido é a natureza que o mantém e o próprio mantenedor de sua riqueza.
— Como assim?
Não é o homem que escraviza o próprio homem? Não é ele igualmente o dominador dos animais? Não é ele que os extermina para matar sua fome de sangue? Portanto, não será ele, também, que receberá tudo de volta e acrescido de juros? Pois saiba o homem que tudo sairá bem se ele se modificar, mas sua ambição está sendo levada a extremos, nada se interpõe contra sua luxúria e insensatez.
— Mas não terá retorno?
Já o dissemos, o retorno também será doloroso. Nada se faz que se possa ficar impune; tudo será devidamente pago, centavo por centavo. E o homem, terá adquirido fortuna em resistência para tal pagamento? Terá armazenado bens de resistência, como caráter, abnegação, consolo, para fazer jus a sua punição?

Tudo poderá acontecer se houver a conscientização de seu proceder. Sabemos que, se começar seu caminho de volta, terá gloriosa chegada para que tenha forças novamente para retornar, aí sim, glorioso, pois aprendeu que só pelo trabalho respeitoso será feliz. Quando compreender que deverá viver, mas deixando que todos vivam, também permitirá que a vida flua para o bem de todos. E, assim, juntos, seguirão em demanda de melhores posições em direção constante à

LUZ, à PAZ, ao AMOR.

Se refletir, o homem saberá distinguir seu caminho de regresso; se persistir, será o caos.

O fumo, inimigo do corpo são

OS PODEROSOS SERÃO OS HUMILDES, POIS TODO AQUELE QUE DER A SEU IRMÃO O AMPARO E A ALEGRIA ESTARÁ SE PROPONDO À CAMINHADA.

Serão os mais afoitos que levarão a paz e o consolo aos que sofrem, pois serão esses que ajudarão a todos sem pedir ou esperar nada em troca.

O gesto humilde de servir dá ao homem sua posição original, pois o ser humano se destaca em sua espécie porque raciocina, e quando se dá a seu irmão com o coração, faz circular o bem maior que é a caridade.

— Então os outros animais não servem nesta mesma escala?

Não, os demais servem por instinto, servem ao homem, mas estão sempre prontos à defesa de sua prole. Mas existem os frutos, as flores, o ar, a água, que servem à própria natureza que forma o cenário de vida no plano Terra.

— Como a natureza serve sem pedir nada em troca?

A natureza está cercando e fazendo viver a vida, pois ela é a própria vida desabrochando em todas as faces, em todo o plano infinito de criação de Deus, mas, quando dá hospedagem ao ser humano, ela se transforma em sustentáculo; e homem, seu representante que tem o raciocínio, a destrói impunemente.

— Mas ele tem de volta o que faz.

É bem verdade, mas é preciso notar que tudo que acontece no planeta Terra está afetando em demasia o equilíbrio do próprio sistema planetário, e embora este planeta seja insignificante nesse circuito, é um de seus componentes, e sabemos que a menor partícula de um todo tem papel importante em sua formação. Todos fazem parte de um todo, e o universo cósmico não tem fim, estende-se sem limite e todos são importantes em seu equilíbrio.

A força geradora desse equilíbrio é única e imutável, está presente sempre, antes e durante, eterna como é eterno o poder de quem o criou.

Todo poder estará presente sempre, e o homem não pode interferir nesta formação; ele causa ao planeta um mal sem retorno. O que ele danifica, como seu solo, levará milhares de séculos para se recompor, e talvez nem possa volta à condição original. Portanto, é preciso estarem alerta todos que participam dessa invasão; homens e mulheres estão aos poucos inutilizando a vida neste planeta com seus hábitos mortais, que é a poluição de suas águas e do ar, não falando do principal agente da vida, que é o próprio corpo, que o fumo vem intoxicando, ao mesmo tempo que sufoca o meio em que vivem.

É preciso que o raciocínio chegue ao homem para retroceder e verificar o mal que causa à humanidade, quem sofre em primeiro lugar são os espíritos que chegam, encontrando corpos defeituosos em função, simplesmente pelos maus hábitos dos pais. O fumo traz a morte dos tecidos, e não poderá se formar do caos corpos novos e resistentes, vigorosos, que recebam condignamente seus novos habitantes.

É preciso pensar! Mas seria principalmente o agir que levaria o homem a seu lugar de origem, para que encontre aí o que o cerca em seu nascimento dentro da

LUZ, da PAZ, do AMOR.

O ser humano está se matando com seus próprios hábitos de destruição.

É preciso compreender sua atuação

OS QUE ESTÃO A CAMINHO TRAZEM COMO SINAL DE RECONHECIMENTO A BONDADE.

Estamos em preparativos para encerrarmos um milênio, que, como todo acontecimento, é envolto em poder. Os homens ainda não estão cientes e nem se capacitaram de que toda mudança traz sempre modificações, é claro, e esquecem-se de que essa marcará a entrada do homem em sua próxima dimensão.

Os que seguem sua intuição sabem que esse acontecimento dará uma posição a seu intelecto com sua própria concepção de sentir. Portanto, o homem será o principal agente que transformará a face da Terra, e é primordial que ele se modifique também.

Sempre falamos dessa modificação, sempre nos direcionamos para ajuda do homem e, se ele estiver preparado, essa influência será benéfica.

Estamos vendo que a parte mais contundente nas modificações é a do próprio homem, pois sua influência será capital, e estamos sentindo que o ser humano não levou muito a sério toda a preocupação que deveria ter, distraiu-se muitas vezes, e assim chegou onde chegou ainda sem estar preparado, cônscio de seus deveres. Sofrerá por toda essa influência, pois prejudicou, e continua a fazê-lo, a matéria prima em sua atuação; contaminou o solo, o ar, a água, enfim seu próprio alimento, e acarretou com sua insensatez a destruição de seus irmãos. Embora diante dessa catástrofe, tem a intenção de manter inalterada sua influência, não quer ouvir o que diz sua consciência e continua a não deixar que viva a vida a seu redor.

É preciso que o homem saia desse sortilégio, vamos dizer, do alheamento em que se colocou, arque com a responsabilidade e veja claro o que fez, trazendo de volta sua razão. Não pode continuar entorpecido, indiferente ao que faz.

O sentimento está para o homem assim como seu destino, ambos acorrentados por sua insensatez. É necessário que acorde e erga-se, tendo a noção exata da distância que o separa da

LUZ, da PAZ, do AMOR..

Os últimos momentos marcarão o nascimento de fortes acontecimentos no coração do homem.

A verdadeira direção do homem está em seus sentimentos

NADA CONSEGUIRÁ QUEM NÃO TIVER POR BASE O AMOR E A CARIDADE.

Os poderes do homem estão limitados por seus sentimentos, e quando estes estão ordenados, ele pode obter todos seus intentos.
Na rota dos acontecimentos estão seus alcances como sendo o valor máximo de seu poder.
— O homem é movido por seu coração?
Seu corpo físico é a produção exata de seus pensamentos e de sua vontade, isto é, seu corpo é o produto em termos da harmonia, pois todo aquele que tem em sintonia seus desejos tem seus alcances também.
Mas o homem não é puramente sentimentos, não são estes que geram seu bem-estar, existe a função física que produz a parte química que dá roupagem a seus atos.
Pode estar em desarmonia funcional quem só se julga pelo lado emotivo, deixando que sua parte física receba todas suas manifestações, enquanto os demais agentes não têm papel importante em sua formação, digamos sua parte genética, sua herança.
— O homem de sentimentos tem sua função física assegurada?
Nem sempre vemos que esse fato seja o principal. Em muitos seres existe a discordância deste princípio, mas falamos

aqui do homem, figura que se apresenta no reino animal, marcante e definitivo, portanto em seu lugar.

Parece-nos que os homens estão se manifestando sempre em desacordo com seu meio, mas sabemos também que se esse meio for hostil não atinge diretamente sua formação, porquanto o homem tem seu alicerce bem centrado, apenas atingido em casos especiais, mas sempre em direção da procura de seu verdadeiro eu que foi criado sempre da mesma centelha saída da

LUZ, da PAZ, do AMOR.

Sempre existirá o caminho para o homem seguir em busca de sua identidade.

Há necessidade de mudanças na atitude dos homens

OS QUE ESTÃO NESTE MOMENTO NO PLANO TERRA TERÃO SUA PERMANÊNCIA TUMULTUADA POR ACONTECIMENTOS. É NECESSÁRIO QUE ESTEJAM ATENTOS.

As modificações no plano já estão acontecendo, e o homem disso não se apercebe. Transtornos ocasionais, pensa o homem, mas não sabe ele que esses agentes estão evoluindo e fazendo-se cada vez mais próximos, até que atinjam o homem diretamente e, mais que isso, afetem seu comportamento e seu viver neste período que antecede à mudança definitiva no plano sutil.

O homem se distanciou de si mesmo, trazendo uma série de desequilíbrios em seu viver. Verificamos que o ser humano está em decadência moral, ao contrário de seu físico, que está sendo aprimorado, na busca de maior eficiência, enquanto a parte de sentimentos está em desordem.

— Por que isso acontecerá?

Por uma série de motivos. Estamos presenciando essa modificação há algum tempo; podemos sentir isso, e todos também podem, observando a onda de desordem moral por que passa a família, que é o núcleo de sustentação onde os espíritos se purificam, encontrando seu caminho, amparados pelos valores morais desse núcleo. Mas estamos presenciando, como já o dissemos, que a moral familiar está em decadência, notamos isso pela ausência de sentimentos entre seus membros, estando portanto em alinhamento inferior a esses sentimentos.

Nada se pode obter para melhoria do homem se ele está distante de seu centro de equilíbrio, que é seu lar constituído fisicamente e escolhido por ele quando espírito, onde todos se unem para um fim, e esse é a evolução, e esta aproximação carnal às vezes se perde, deixando que a frustração seja o saldo de uma encarnação.

— Tudo se passa sem que o homem perceba?

Ele tem conhecimento deste estado, mas não se dá conta, mormente se seu estatus for de abastança, ele se esquece de que viver é produto exclusivo do núcleo familiar, fora dele é dificultoso que alcance seu objetivo. Mas mesmo assim sua tenacidade em permanecer alheio aos acontecimentos faz dele um exilado de seu próprio amparo.

As vicissitudes estarão presentes sempre, até que o homem sinta a necessidade de repensar em tudo que faz para que então possa se desfazer do supérfluo e adquirir novos valores para que volte a sua origem e assim recomeçar. Sabemos bem que esse recomeço será de glória, se foi feito com sentimento, e então tudo será de todos e a solidariedade humana, o respeito à dignidade, estarão presentes nesse viver de alcances que é a encarnação, e assim poderem unidos caminhar em demanda da

LUZ, da PAZ, do AMOR.

Tudo é possível quando se tem
a consciência do que se faz.

As investidas dos elementos sobre o próprio homem

OS QUE ESTÃO NESTE MOMENTO ENCARNADOS PRESENCIARÃO TODOS OS ACONTECIMENTOS DO PLANO, MAS OS QUE ASSISTEM EM CORRENTES DE AUXÍLIOS SÃO IRMÃOS.

É preciso que todos estejam atentos, cuidem de seus sentimentos e estejam igualmente alertas espiritualmente; esses dois sentidos são para que se precavenham destes estados, pois chegam os momentos decisivos do Plano.

Em todos os tempos sempre existiram modificações na estrutura da Terra, mas agora em sua parte física estão ocorrendo sérias modificações. Acontecerá o mesmo em sua aura magnética. As agressões que tem sofrido serão devolvidas a seus habitantes. Haverá uma reação natural dos elementos.

Não será preciso aguardar um determinado momento para cataclismos; qualquer época é devida, porquanto tudo que se fez em agressões, agora estarão de volta os efeitos, disto estejam certos.

— Mas como pode isto estar em cadeia?

Naturalmente, como sabemos que toda ação provoca uma reação direta, também isto se dará no plano Terra, e em uma escala sucessiva em sua galáxia; é uma força propulsora de ondas que atingirá todos os planetas deste sistema.

— É tão intenso seu efeito?

Não mais do que os que atingirão o planeta Terra. Agora chegou o tempo de modificações, chegou também à saturação, e então todos os elementos sofrerão seus efeitos. O homem age inadvertidamente, as expressões de poder estão dando oportunidade de colocar à prova sua expansão de poder, não existe o respeito à vida e, sendo assim, todos receberão a reação adversa que assola o planeta, sofrerão juntos o que talvez não tenham feito juntos; muitos estão isentos dessas agressões, mas o sofrimento será igual para todos, não há como separar o joio do trigo.

A hora seguinte é sempre incerta, estejam preparados, muitos acontecimentos se darão.

O ser humano está banido de poder, a destruição é um toque especial e definitivo em sua personalidade, a transformação do caráter do homem fez com que ele se tornasse árido, implacável quando do alcance de seu objetivo. Porém, se refletisse, se fizesse o caminho de volta, encontraria por certo a saída, mas só pela modificação, pela análise poderia retornar em si próprio seu potencial de

LUZ, de PAZ, de AMOR.

O planeta Terra está em modificação interna produzida pela insensatez do homem.

A direção certa está nos atos dirigidos com discernimento

O PERÍODO DE TRANSIÇÃO ATÉ SUA ADAPTAÇÃO TEM CAMINHOS TORTUOSOS, MAS TUDO CHEGARÁ AO PONTO DESEJADO, E O ESQUECIMENTO É TÉRMINO DE TODA AÇÃO.

O homem sempre procura se entender com seus afins, mas nem todos os ajustes são permitidos; existem circunstâncias que o impedem a tal ponto que a solução não se concretiza assim satisfatoriamente.
— O homem sofrerá?

Em todas as circunstâncias da vida, quando se trata de decisões, haverá que se expor para ter soluções satisfatórias, e nem sempre os que participam juntos de um trabalho compreendem. A vida em sociedade está como exemplo; quantos há que sofrem oposições de toda ordem.
— Mas isso faz parte da sociedade?

Mas não faz parte do coração, dos sentimentos que fazem parte dessa solução; muitas vezes, o próprio homem tem que se violentar para suas próprias mudanças. Os hábitos são transformados, e isso causa sérios prejuízos ao corpo físico, mas mesmo assim tem que transformá-los, e o homem sofre.
— Mas como sofrer com suas próprias decisões?

O homem, é natural, a todo instante tem seus objetivos truncados pelas circunstâncias da vida moderna, obrigando-o a adaptar-se. Mas, se tiver seu coração limpo de sentimentos, terá um ponto a seu favor; sabendo discernir, saberá escolher, pois todo aquele que tem clareza de pensamento tem finalidades acertadas.

O convívio humano é muito saudável quando existe harmonia, mas quando é perturbado por emoções ligadas a objetivos de poder e mandos, isso muda totalmente o caráter da adaptação. O homem vive seu momento presente de mudanças radicais, tudo existe e ele terá que se separar e sempre sofrerá, pois o agente é também o receptador, ambos estão implicados no momento atual, vivem para alcances de bens maiores.

O tempo revelará ao homem o que ele tem de mais sagrado, que é sua liberdade; e o florescimento de seus sentimentos lhe trazem a ampla e proveitosa colheita de frutos que se repetirão pela vida afora.

— Todos estão vulneráveis a esses acontecimentos?

Sim, todos que estão neste momento encarnacional passam por esses crivos, colocando-os à prova, para que mais adiante possam estar em conjunto numa sociedade saudável, livre de sentimentos vis, e que essa modificação possa levar adiante todos os sonhos da humanidade, para que ela floresça neste período áureo do entendimento humano, e que possa atingir a meta da

LUZ, da PAZ, do AMOR..

Todos caminham, mas é preciso percorrer também os atalhos.

Pelo despojamento o homem será feliz

AS OCASIÕES PROPÍCIAS, PARA QUE O HOMEM SEJA O QUE PRODUZ, ESTÃO CHEGANDO, DANDO-LHE A OPORTUNIDADE A UMA REFLEXÃO.

Nada acontece por acaso; tudo está a caminho e é preciso que cada um reflita, para não culpar a outrem pelo que lhe está acontecendo.

Mudanças sociais constituem fator importante nessa reflexão, pois o homem já sabe que está se desassociando; cada vez mais se isola dentro de si mesmo.

Os males sociais estão provando que não existe mais oportunidade de intercâmbio entre pessoas; cada um cuida de si como se fosse um só indivíduo, não tendo com quem repartir suas alegrias, nem suas dores.

Os desencontros entre os homens constituem uma tendência predominante na sociedade moderna, e essa desagregação de seus membros promoverá sua dissolução. Todos os contatos estão se deteriorando pelo egoísmo, pela desconfiança, pelo desamor, enfim, multiplicando assim os sinais dos tempos que se aproximam a passos rápidos. É preciso prevenir-se o homem para que seus dissabores sejam menores.

Em toda a família está acontecendo a desagregação de seus componentes; o homem do futuro estará vivendo só e, portanto, voltará a seu estado primitivo, não dando oportunidade a si próprio de amar. Essa volta ao princípio devolverá sua oportunidade de amar seu semelhante. Então, quem sabe, um novo começo será uma nova oportunidade ao homem para que ele percorra seu caminho, e com o passar do tempo ele se encontrará, e então haverá retomado o amor por seu irmão.

Os que caminham solitários são os que já estão se predispondo a esse estado. Portanto, é preciso que se previnam quanto a essas transformações, pois, de um passo adiante mais se aproximarão da chegada, e então o começo estará mais próximo.

Todas as vezes que o homem se coloca na faixa da solidão estará entrando no processo de interiorização. É portanto necessário que voltem ao começo, pois só então abrir-se-ão horizontes de fé e de caridade para que o ser humano tenha conseguido sua libertação do abismo ao qual se lançou e possa alçar vôo desperto e liberto das amarras que o prendem à escuridão. Somente depois desse processo seguirá liberto em direção à

LUZ, à PAZ, ao AMOR.

O homem sofrerá transformações, mas se erguerá para a luz.

O homem, forjador de seus males

NEM SEMPRE ESTARÃO A POSTOS E ISSO É PREJUDICIAL; O ORGANISMO HUMANO ESTÁ EM DESARMONIA.

Os corpos estão no plano Terra, mas sua harmonia está sendo prejudicada pela tecnologia moderna, que traz para eles funções que não lhes são naturais. Portanto, um bem está sendo um mal.

— Por que esta definição?

O homem abusa de sua própria posição tecnológica. Os remédios que deveriam ser para o bem de suas funções, estão sendo motivo de disfunção. Sabemos todos que o próprio organismo tem suas defesas, mas observamos que o homem não deixa mais que seu corpo reaja; ao menor sinal, acumula-o de drogas inventadas por ele mesmo, e perturba assim a atuação de sua sábia intuição, ao mesmo tempo que tolhe seu organismo de prover-lhe os recursos adequados para harmonizar suas funções.

A natureza é sábia, e isto o homem já descobriu, mas nos dias de hoje também já se esqueceu; seu organismo é o mesmo, apenas sua vontade mudou.

— Como assim? Que tem vontade com função?

Vontade é a interferência nas funções, quando o organismo se vê impedido de utilizar seus recursos, e aí, sim, instala-se a disfunção de seu estado geral, e o homem se desequilibra. Não queremos dizer que a tecnologia do homem não o salva; sabemos que o faz resistir a muitos males e sabemos também de seu progresso. Porém, é de coisas simples que estamos falando, das funções principalmente. Não nos queremos referir a males específicos que são combatidos com eficiência pela tecnologia do homem, quando, igualmente sábio, ele dá a seu corpo físico aquilo que necessita. Basta lembrar as epidemias que têm sido vencidas, as vacinas que têm evitado doenças fatais. Falamos de funções e reações normais do viver.

O organismo humano é igual a dos demais animais, e neles a ação da natureza se faz presente com mais liberdade, não desmerecendo o socorro médico que tem sido de grande valia; muitos têm se dedicado aos animais com desvelo e perseverança, disposto a socorrê-los.

A humanidade em si tem sido prejudicada, assolada por males coletivos, o saber do homem tem evitado que se tornem calamidades, mas ele também tem se portado como um verdadeiro algoz, pois são suas as invenções que têm levado os seres humanos ao vício e à degradação.

Tudo tem dois lados, sabemos que o bem e o mal andam juntos, assim como o bom e o mau. Chegará a hora que o homem terá que escolher, e isso é uma faculdade exclusiva de cada um. Portanto, que esteja alerta para que possa escolher o melhor, que o leve a percorrer caminhos da redenção, como os da

LUZ, da PAZ, do AMOR..

Nada se constrói sem que primeiro se destrua; é a lei.

O homem à procura de sua essência

NADA SE PERDERÁ, TUDO SE TRANSFORMARÁ.

As aparências podem confundir o homem, até dispersá-lo, mas ele se transformará e seguirá seu caminho de evolução.

Os tempos atuais têm sido de provas para a transformação de seu caráter e para que seus princípios estejam em transformação. Quem sabe, com toda esta situação, ele não se erguerá do caos em que se precipitou?

O homem, consciente de seus deveres, tem negligenciado e alijado seus sentimentos mais nobres. Porém, com tudo que tem passado, sua transformação gradativa ocorrerá e ele irá se recompor.

— O homem procura novos rumos?

Sim, mesmo neste caos em que se precipitou, ele tem buscado equilíbrio, tanto assim que, embora enfraquecido seu núcleo familiar, tem procurado se manter, mesmo sem amor, entre seus irmãos. Temos certeza de que este sentimento apenas está adormecido em seu centro, e logo despertará após ele ter purgado seus próprios desatinos.

O plano da Terra está contaminado, por isso o homem terá que fazer seu caminho de volta para retornar seus sentimentos e prosseguir.

— Mas, mesmo assim, na posição em que se encontra, ele terá motivos de soerguimento?

E por que não teria, se seu caráter espiritual atua nele, chamando-o à razão, para que com este alerta possa prosseguir.

A compreensão de seus próprios descaminhos lhe trará os reforços necessários a sua escalada; e assim será.

No momento atual, em meio a seus destroços, acordará a lembrança de seu passado, e será por esse intermédio que chegará à reconstrução, deixando para trás todo seu desatino.

Neste presente momento muitos estão encontrando o caminho de volta, pois, se todos procurarem com a intenção de reconstrução, certamente o encontrarão e, mesmo antes de se darem conta, terão a oportunidade de se reconhecerem no próximo e, então, o sentimento de solidariedade será implantado em seu coração. Assim poderão alcançar metas traçadas em tempos remotos, sempre renovadas na mente fluídica, que trazem ao coração um fluxo contínuo de benfeitorias. Apaziguados seus sentimentos, ao encontrarem seu motivo, encontrarão também sua direção e, unidos, conquistarão novos rumos, que por certo os levará à

LUZ, à PAZ, ao AMOR.

Se o homem se distanciou de si mesmo, também encontrará por ele mesmo a saída de seus conflitos.

O remédio da alma

OS PASSOS INDECISOS NÃO DEVEM SER O MOTIVO PRINCIPAL DE UMA CAMINHADA. OS QUE PERCORREM A SENDA DEVEM TER SEUS PASSOS FIRMES, A ESCOLHA LEVARÁ A SITUAÇÕES DE ABERTURA. PORTANTO, A ATENÇÃO PLENA DARÁ AO CAMINHANTE SUA DIREÇÃO.

Os sentimentos naturais deveriam ser a guarda permanente do encarnado, mas as circunstâncias que o cercam modificam seu intento.

A vida natural leva o homem a sua direção. Vimos que aqueles que desejam obter algo se desprendem de todo artifício da vida moderna. As preocupações do dia-a-dia levam o homem para longe de si mesmo. Portanto, quanto mais ele se aproxima da simplicidade, mais adquire sua intenção clara.

As descobertas estão mostrando que só vale o que se adquire; o que já é conhecido e repetido sempre não tem valor essencial para a edificação de seu desejo e engrandecimento. Os imprevistos estão se interpondo como entrave a sua evolução. É natural que tenha seu proceder espontâneo para poder conseguir seus desejos, mas respeitando sempre o desejo de seu irmão.

O momento atual está prejudicando o corpo físico, embora ele também tenha grandes benefícios de seus conhecimentos que poderão auxiliá-lo, mas a medicina está se propondo a modificar e assistir seu corpo físico, com algum lampejo de

auxílio para seu desenvolvimento psíquico, mas necessita ele de auxílios no campo da razão.
— Como razão, se ele vive no corpo físico?
Mas o corpo físico já é uma razão importante, mas sua razão mental está ainda inferior a sua razão espiritual. Este estado é preciso cuidá-lo, mas a medicina moderna ainda não tem atuação nele e o homem se perde em seus descaminhos; não existem remédios para sua compreensão, para seus sentimentos.

É bem verdade que o organismo produz estados, seus temperamentos muito influenciam seu pensar, e também seu agir, mas o sentimento de evolução está acima de todos esses estados, e o homem necessita urgente dessa proteção. Porém o remédio divino está em seu coração, só ele poderá tratar-se com o médico das almas que é o Ser Divino, o núcleo central que lhe dá guarida e proteção.

Todos os tratamentos modernos debelam seus males, mas os males da alma e do coração abrigam posições fundamentais em seu viver e ele os relega a segundo plano, trazendo ainda piores condições de funcionamento para seu corpo físico, que tem a medicina moderna a seu dispor, e no entanto está à míngua de recursos.

A alma humana necessita de socorro urgente para sua manutenção. Seu suporte, que é sua família, seu núcleo de apoio, está se acabando e ele, náufrago, sem direção, está ao sabor dos acontecimentos, e sofre as próprias indecisões, e só terá sua direção certa quando souber que tudo está a seu alcance, quando buscar socorro nas fontes da

LUZ, da PAZ, do AMOR..

Tudo é possível quando se quer alcançar.

A libertação se dará pelos sentimentos

O DESPERTAR DE UM CORAÇÃO É O MOMENTO PRIMEIRO DE SUA CAMINHADA.

Na própria convivência entre irmãos está a senha do despertar. Por isso o cultivo desse sentimento deve ser analisado sempre, para que o homem encontre sua tranqüilidade e possa usufruir dos bens que lhe dá o Pai.

A encarnação é o veículo da evolução, mas é também o aprimoramento dos sentimentos, pois o amor é um ato de fé e, quando o homem entender seu próprio coração, estará se predispondo à senda.

No plano da Terra estão os chamamentos que distraem o homem, mas esse plano lhes dá também oportunidade de tolerância.

— Como assim?

No convívio diário o homem coloca à prova seu conteúdo divino e, ao mesmo tempo, dá ao irmão o amparo de sua proteção. Mas, quando este homem tem bloqueado seu sentimento, interrompe o fluxo divino e, em vez de fazer circular esse bálsamo, traz para si o acúmulo de seus pesares, dando a oportunidade de sentir-se excluído do convívio. Portanto, o que faz o homem ser humano é seu sentimento de fé e, quando esse circula, ele obtém sua libertação.

— Então todos teriam esse bem?

Todos são agraciados com esse sentimento, mas o bloqueiam em sua fonte que é seu coração, e sofrem.

Os tempos atuais estão dando ao homem a oportunidade de expandir-se, pois não houve época mais aflitiva, mais necessária desse sentimento, e estamos verificando que entre os humanos não circula em liberdade esse dom; o homem está em processo de saturação de seu egoísmo, fazendo-se emparedar em sua clausura e isto o leva a um estado de aflição; daí surge o desequilíbrio.

— Mas se o homem é feito em essência divina, como ter esses entraves?

Por sua própria escolha, para tanto está o livre-arbítrio a sua disposição; ele escolhe e, portanto, tem que receber as conseqüências, instalando-se em seu ser a depressão, o isolamento.

O homem tem trabalho hercúleo para quebrar esta barreira, mas o conseguirá, pois tem a ampará-lo seus sentimentos nobres, e se ele assim o fizer, estará liberto das amarras do isolamento, e seguirá triunfante para a

LUZ, a PAZ, o AMOR.

*É preciso estar alerta para que não deixe
o isolamento fazer parte de seu viver.*

As conquistas da posse

HÁ UMA NECESSIDADE URGENTE DE HARMONIA ENTRE OS HOMENS PARA QUE ALCANCEM A TRANQÜILIDADE DE VIVER EM GRUPO.

As circunstâncias rondam o viver do homem, e ele não se dá conta do que lhe acontece internamente, trazendo para si o desequilíbrio.

Existem influências causando o afastamento das oportunidades de evolução, o homem se deixa levar por elas quase sem relutância, e acontece comumente o desvio de intenções, muitas vezes, no viver na carne.

As descobertas só valerão se elas forem pautadas pelo sentimento em si, não bastando o que vulgarmente chamam de curiosidade.

— Então não tem valor a descoberta?

Ao contrário do que muitos pensam, a descoberta é que abre um leque infindável de indagações, e neste momento o homem ganha sabedoria. Estando assim concentrado no que faz, estará ciente de seu esforço e trará para seu tempo o cálculo exato de seu trabalho; tendo concebido, terá que receber em troca aquilo que almeja.

— Mas é só pensar e querer, para se descobrir?

Não, não é só querer, é necessário que forme condições para o aproveitamento das soluções. Portanto, é preciso sua atenção plena naquilo que quer, para poder então distinguir

aquilo que recebe. Muitos há que querem apenas descobrir por curiosidade, como a querer provar a si próprio seus poderes, mas não é correta essa atitude.
— Como assim?
Estando o ser humano em posição de procura, ele só poderá obter conforme sua atenção estar ligada diuturnamente a sua procura; não poderá se distrair pelo caminho com miragens que lhe apresentam a vida, mas bastar-se a si próprio, ter sua atenção naquilo que faz e não deixar que sua mente física, senhora absoluta de sua vaidade, o comande.
— Como separá-la?
Já o dissemos, a atenção plena é a grande aliada do homem, pois nada poderá interceptá-lo a seu desejo de descobertas e daí ao conhecimento de que muitas vidas são necessárias para a chegada e posse de sua verdadeira vida. Assim, ele estará de posse, também, de seu caminho, que o levará de volta a seus princípio, e então tudo será tão fácil que ele se sentirá senhor absoluto de seus próprios acontecimentos.
— Sendo tão fácil conseguir, por que está ainda tão enredado?
Por sua livre escolha, mas seu despertar o conduzirá a sua intenção e, por que não, sua conquista será o ponto de sua chegada e, quando isso acontecer, ele estará de volta a sua essência, estará de posse de sua libertação e então se encaminhará definitivamente à

LUZ, à PAZ, ao AMOR.

As necessidades serão iguais a seu alcance para seu florescer.

A transformação do homem no cadinho de fogo

AS OPORTUNIDADES SE SUCEDERÃO NA VIDA DO HOMEM PARA QUE TENHA CLARO SEU SENTIDO.

Estão ocorrendo transformações profundas no planeta Terra; todos seus estados estão sendo ajustados, e assim o ambiente em que vive o homem terá sua influência também alterada.

A plano Terra está diretamente ligado ao grande movimento dos planetas deste conjunto. Portanto, os que aqui se adaptaram também sofrerão essas modificações.

A vida deste planeta será ajustada as suas necessidades atuais, seu comprometimento, feito pelo homem, tem diminuído seu potencial de equilíbrio.

— Como assim?

A natureza foi atingida, as experiências atômicas mudaram o rumo de seu equilíbrio, os gazes que rondam os homens igualmente afetam sua vida física como também seu ambiente. Estamos presenciando o aumento da passagem de raios que atingem a integridade física deste mesmo homem que a produziu.

— Mas, se o progresso dá tecnologia, dá condições de bem-estar da vida, por que essa finalidade de destruição?

O ser humano não está dosando suas descobertas, e seus inventos estão sendo portadores de seu extermínio; temos visto que doenças surgirão e ceifarão muitas vidas, até mesmo sem que finde seu intento aqui neste plano.

— O espírito, por que lhe é tirada a ocasião de aqui permanecer encarnado?

O livre-arbítrio do homem é a causa principal, ele escolhe por livre vontade, recebe a recompensa clara e direta em seu próprio viver.

— Mas não há uma medida que interrompa essa atuação do homem contra ele mesmo?

Tudo é possível e passível de acontecer se o homem acordar seus sentimentos, aqueles que lhe são inatos, mas que foram relegados ao esquecimento por sua vaidade de se tornar seu próprio soberano. O homem quer suplantar a si próprio, quer ter alcance ao poder de criação e existirão erros que não poderá consertar; a genética escapará de seu poder, e então o ser humano receberá a recompensa.

— E o poder divino?

Continuará adormecido em seu coração, latente em todo seu ser, e, quando este estado de entorpecimento passar, o homem voltará a sua própria razão, e então aparecerá em sua radiosa luz, a que foi e o acompanhará sempre, triunfará em sua plenitude. Mas, antes, sofrerá por sua própria escolha os desatinos de sua ambição.

— Haverá retorno?

A essência não se contaminará, e ele acordará de seu torpor e se erguerá do caos, projetando-se para a

LUZ, a PAZ, o AMOR.

Os dissabores farão parte de sua própria evolução, o fogo transformará a massa em reflexos de luz.

O caminho das descobertas

OS PROCESSOS QUE IMPEDIRÃO A FELICIDADE DO SER HUMANO ESTÃO TIRANDO A LIBERDADE; É PRECISO ATENÇÃO.

Nos movimentos humanos estão escondidas muitas oportunidades para sua evolução, que poderia estar florescendo, mas que ainda está distante desse estado. A vida no planeta Terra está sendo ameaçada, o homem interpreta o papel principal de sua destruição e não se dá conta disso. O adiantamento de sua tecnologia não está direcionado apenas para seu bem-estar físico, está trazendo seu desmoronamento moral; não há mais confiança na palavra, que está sendo rebaixada a níveis inferiores, dissolvendo seu núcleo de formação, que é a família.
Os alicerces estão sendo abalados, moral e fisicamente.
— Como assim?
Moralmente, atingido seu centro, que é sua família, e, fisicamente, seu próprio centro físico. O eixo da Terra está se verticalizando, não propriamente pela mão do homem, mas por força de leis físicas. Porém o homem tem contribuído em outros setores que atingem todo seu meio ambiente; seu clima está sofrendo transformações, todos estão cientes, as catástrofes já se fazem sentir, mas o homem está adiando sua conscientização.

— Por que o faz?
Não quer saber do que se passa fora de seu corpo físico, mas que o atinge, e se faz surdo às chamadas de seu coração, seus sentimentos estão se modificando.
— Mas ele não está percebendo?
Tudo já se faz comum a sua constituição; ele está tomado pelas circunstâncias, sua vida atribulada não o deixa notar o que lhe está acontecendo, a vida passa a ser um instante. Nesse sentido até concordamos, pois a média do viver do homem, o de estar encarnado, é diminuta, e ele procura encurtar mais, preocupado, como está, com suas conquistas que ficarão neste plano; tudo que conquistar de riquezas perecerá, só levará seus dotes de coração que são seus sentimentos.
— Sabendo disso, por que não procura modificar-se?
Não o atraem mormente essas atitudes, que o fariam perder o tempo, pensa ele; há tanto que se divertir e conquistar, não importa o depois. E assim se deixa envolver por futilidades.
— E seu despertar?
Ficará para mais tarde. É esse seu raciocínio, o adiamento, esquecendo-se de que não pode retardar nosso motivo. Nada poderá ficar para depois, a menos que repita os mesmos erros nas diversas oportunidades de encarnação, e essas levarão séculos e séculos. E isso o homem, eterno devedor, poderia evitar.
— Como assim?
Encurtar o tempo. Tudo poderia ser solucionado se o homem aproveitasse sua oportunidade de assim estar, e se imbuísse de seus deveres, procurasse conhecer-se a si mesmo. Apenas pelas práticas do amor distribuído iria alcançar a posição de caminhante e encontraria por certo a direção que o levará à

LUZ, à PAZ, ao AMOR..

*Quando se quer, é fácil o aproveitamento;
está em seu poder sua própria direção.*

O homem e seu conjunto caminharão

AS OPORTUNIDADES ESTÃO DANDO AO HOMEM, INÚMERAS VEZES, PODER CUMPRIR COM SEU DEVER DE AMOR E ELE NÃO SE COLOCA EM POSIÇÃO DE DAR, TUDO QUE TEM É PARA SEU USO.

Em condições de distribuição o homem tem estado, mas se furta a este gesto e se coloca em alerta, procurando armazenar, e está de mãos vazias.

— Como pode acontecer, se ele não se desfaz daquilo que tem, como estar de mãos vazias?

O homem foi destinado ao amor e dele foi criado; sua constituição física assim foi formada, mas ele não se conhece, ou melhor esqueceu de sua formação, e se entrega ao egoísmo, quer para si aquilo que não lhe pertence.

— Como, o que é seu não lhe pertence?

Como afirmamos. Tudo que é constituído saiu de uma só fonte, e esta circula para formar um grande círculo que se expande, transformando-se numa cadeia que liga todos os seres de todos os reinos da vida; portanto, o que pertence a um é de todos.

Nas atitudes do homem está faltando esse estado para que volte a ser aquilo que deve; com sua vida atual se distanciou desse manancial, não teme a seu Criador e sofre.

As transformações do plano são evidências da falta deste sentimento. A depredação do planeta Terra está gerando seu desequilíbrio, e sua transformação está se fazendo de um modo precipitado; falta a harmonia, pois, estando o homem desguarnecido desse sentimento, o que produzir também o estará, e nessa transposição estamos vendo que tudo sofrerá e a Terra galgará novos estados, mas essa passagem será sofrida, enquanto, se tudo estivesse em harmonia, seria também harmoniosa sua transformação.

O alimento do homem está se deteriorando; a fonte de seu vigor, estando contaminada, não sustentará a saúde, o bem-estar físico, e o homem terá oscilações. A raça humana está sendo assolada por sua pior doença, a contaminação de seus sentimentos, que traz para seu futuro o incerto de seu alcance, e todos sofrerão em conjunto; pagará o justo pelo pecador; dessa máxima não poderão fugir.

A modificação das atitudes, o esclarecimento dos sentidos, a ampliação dos conhecimentos, só se fazem por amor e, na falta desse alicerce, nada será vitorioso.

É preciso que mais depressa se consiga a harmonia dos sentimentos para que tudo evolua dentro da energia criadora, e que se consiga o despertar do homem para que não sofra, não se infrinja castigos tão violentos, que não só a ele atingem, mas a toda humanidade, a todo seu meio, pois não haverá separação; o que conseguir será repartido, quer de bem ou de mal, tudo na mesma proporção.

Que o homem consiga estar em seu verdadeiro caminho em direção ao Centro, assim também a humanidade, e todos caminhem para a

LUZ, a PAZ, o AMOR.

Ainda é tempo da regeneração do ser humano; todos lucrarão, pois estarão em ascensão.

É hora de despertar

NADA MAIS IMPORTANTE NA VIDA DO PLANETA TERRA DO QUE O EQUILÍBRIO DE SEUS HABITANTES.

O momento presente é um grande passo na conquista da evolução deste planeta. Portanto, que seja de todos o empenho e a colaboração, pois sairá do coração do ser humano a conquista deste espaço.

— Como o ser humano pode ajudar, ou melhor, arcar com essa incumbência, se ele ainda não se encontrou?

O homem está influenciando, com sua atuação, o equilíbrio deste planeta, porém ele poderá reverter este estado, trazendo sua contribuição salutar e digna a este plano que sofre as conseqüências de suas depredações; o homem tem sentimentos benfazejos, mas que estão sendo deixados de lado e com isso prevalece a influência negativa que agrava cada vez mais a situação.

— Como o homem pode interferir negativa e positivamente neste planeta?

Ele tem dado sua contribuição fazendo com que seu meio ambiente torne-se nefasto, mas poderá, pela regeneração de seus sentimentos, elevá-lo à condição natural que necessita para alcance de vibrações mais limpas. E isso se faz refletindo a alma e os sentimentos de seus habitantes.

— O homem é assim tão valioso?

Naturalmente, porquanto o ser humano, principalmente o

homem, tem o sentimento sagrado que o faz ser o primeiro de sua escala, pois usa o livre-arbítrio, mas seu uso está sendo incorreto, resultando nos distúrbios que assolam o plano terrestre.

— Como assim?

A natureza está sendo atingida e em conseqüência volta a seu produtor todos os males que lhe são infringidos. Estamos presenciando as torturas que afligem o homem, produzidas, é claro, por sua livre vontade, no mal uso de seu livre-arbítrio, atingindo também seus companheiros de ocasião, que pertencem aos demais reinos da natureza.

Não se compõe este plano de um único reino; os demais têm sido atingidos, a contaminação está dizimando o meio ambiente, dando alicerces ao próprio homem que se destrua também. Não há possibilidade de escolha, pois a contaminação atômica atinge a todos, e as epidemias estão em toda parte, aniquilando a vida.

— Mas se a vida é o desabrochar da evolução, como contaminá-la?

Pois o homem está conseguindo. Suas insanas investidas estão formando um grande envolvimento, e todos estão presos à grande cadeia de acontecimentos. É preciso que o homem se analise e desperte do sono em que está sendo tragado, desperte de sua conduta e possa distinguir o mal que faz a seu próprio corpo, e neste despertar possa alcançar a dádiva maior de estar sempre em direção à

LUZ, à PAZ, ao AMOR..

O planeta Terra está sendo destruído pela mão do homem.

O alcance é fácil, a permanência importante

SEMPRE EXISTIRÃO MOTIVOS PARA ALCANCE DE BENS MAIORES QUE FAÇAM DO HOMEM O QUE AQUI REPRESENTA: A PAZ E A MISERICÓRDIA.

Nas ocasiões em que se propõe a auxiliar, o homem está se abrindo a recebimentos e seu coração pulsará formando assim um campo vibratório de poder e alcance, indo buscar na Fonte seu alimento, repartindo-o com seu irmão.

É este o motivo maior da descida a este plano do espírito que se propõe ao serviço da caridade; dando, receberá.

Mas, no entanto, os percalços de uma encarnação trazem muitos empecilhos a essa conquista, ocasionando muitas vezes o não alcance desse objetivo.

— Como?

São deveres e obrigações que fazem com que seu objetivo principal seja alcançado.

— Como deveres e obrigações? Se o encarnado está aqui neste plano com seu objetivo delineado, daí não poderá ter esses atributos.

É que o mundo, onde veio cumprir suas tarefas, apresenta recursos que o impedirão; são barreiras que se interpõem e muitas vezes barram-no totalmente; são ocasiões que o impede de cumprir sua finalidade. Portanto, deveres não o deixam entrar em sintonia, chamam sua atenção; são seus deveres aquilo que o conduzem em seu dia-a-dia profissional; obrigações

são as atitudes que toma, mesmo sem sua aprovação interior, em relação a seu meio, com seus companheiros. E assim, no trato diário, tem que obedecer a convenções pré-estabelecidas.
— Se ele tem seu objetivo a alcançar, não deveria haver deveres ou obrigações que pudessem impedi-lo.
Nem sempre o encarnado age conforme seu desejo. Há os impedimentos naturais, mas ele deve ter seu equilíbrio natural para poder enfrentá-los, guiando-se por seu livre-arbítrio, mas este deve ser isento do senso crítico que muitas vezes faz com que se sinta mais como algoz do que como senhor absoluto de seu poder. É preciso ter claro seus sentimentos e, para tanto, nada mais acertado do que sua mente liberta de interferências, pois só encontrará saída deste emaranhado através de seu caminho interior. É bom prevenir um mal, e o verdadeiro encontro consigo mesmo está na meditação.
— O caminho é tão simples, por que não segui-lo?
Por comodismo, por descuido. Ouvindo os chamamentos do mundo torna-se alvo de sua interferência, mas se ele se abre para sua análise, escolherá acertadamente, e terá o domínio absoluto de seu viver que lhe indicará o caminho da sabedoria e da harmonia, e assim seguirá seguro em direção à

LUZ, à PAZ, ao AMOR..

A vida só é válida se for conduzida para suas próprias descobertas.

A evolução do planeta Terra depende de todos

AS NECESSIDADES DO SER HUMANO SÃO MUITAS, MAS ELE NÃO CUMPRE COM SUAS OBRIGAÇÕES.

Obrigações são seus próprios deveres, mas ele os deixa passar, um a um, sem que se proponha a resolvê-los, trazendo para si próprio o desalento.

— A estrutura do homem é assim tão frágil que ele próprio se coloca à mercê do sofrimento?

Não diria fragilidade, diria comodismo, e, enquanto isso, a sociedade traz muitos acontecimentos, às vezes, alheios a seu querer.

— As crises da humanidade serão todas produzidas pelo homem?

De um certo modo sim, pois seu maior desatino é não dar guarida a seus sentimentos, não querendo vivenciá-los, enclausurando-se nele mesmo, deixando que suas investidas sejam devastadoras, principalmente para sua evolução.

Os chamados acidentes ocasionais são obtidos por sua vontade, a transformação de seu caráter está trazendo sua degradação.

O momento é seu próprio estado de evolução, mas o homem tem se acovardado perante as circunstâncias e perde sua direção. Porém, quando se der conta dessa atitude, talvez seja tarde demais, pois todos estarão expostos e nada se fará individualmente, toda a humanidade sofrerá.

Quando encontros fortuitos se dão entre elementos, produzem tormentas, mas estas não são puro acaso, são determinações da natureza para seu despertar, porém o homem continua indeciso e perde sua oportunidade, pois está fora de seu próprio eixo, não medita em seu próprio coração, e assim perde o fio que o liga a sua formação.

Há uma grande necessidade de voltar as suas origens. Os homens estão perdidos, tragados pelos acontecimentos, e assim também sofrerá o planeta Terra que forçosamente recebe impulsos que o fazem entrar numa faixa confusa e nada propensa a sua evolução. Os homens estão dando uma contribuição perturbada ao plano, levando a tudo e a todos ao extermínio.

Os acontecimentos estão presentes na vida do homem, ele não se dá conta de seu papel de destruição, trazendo para o viver de todos a dor e a desolação.

Todos terão seus motivos, todos igualmente seus trabalhos e suas recompensas, mas quem sofrerá será o planeta Terra, que está sendo sufocado em sua própria destruição.

É preciso alerta de todos para que percorram em segurança o caminho da

LUZ, da PAZ, do AMOR..

Todos serão responsáveis pelos danos e também juntos receberão a recompensa.

O iguais se atraem

NADA PODERÁ ESTAR EM SEU LUGAR, SE A HARMONIA NÃO ESTIVER PRESENTE.

As ocasiões dão a oportunidade de escolha, o homem poderá ter sempre a seu lado a escolha certa, se tiver o raciocínio pautado neste estado; portanto, faça ele campo para que tudo lhe seja afortunado.

O momento é dado ao homem para que possa dar um passo adiante em sua vida, e se ele está desatento irá romper com toda sua percepção.

— Como assim?

Nada se iguala ao poder da fé e da conscientização de seus sentimentos. Estamos alertando para que este estado seja aflorado no coração do homem, a fim de que prossiga em sua peregrinação para alcance de sua evolução. Enquanto este estado não se fizer presente, haverá por certo o desequilíbrio e sua condição será desoladora, levando por caminhos desalentadores sua intenção.

O homem está atravessando caminhos de descobertas; está no plano da Terra para desvendar e conhecer seus sentimentos quando no meio dos irmãos que se debatem com seus sentimentos desalinhados, procurando uma abertura que os leve a descobertas. Se ele estiver ativo, será um ponto de apoio para aquele grupo onde encarnou, o grupo humano onde convive e estará sendo observado não só por seu grupo espiritual, mas

por desafetos ou ainda por espíritos oportunistas que aproveitam uma brecha para se infiltrarem, trazendo a discórdia e o desequilíbrio.
— Como espíritos oportunistas?
São os que estão sem rumo na espiritualidade, aguardando que os que se encarnam dêem chance de um descuido para atuarem, extravasando assim toda sua intenção que é a de levar a discórdia e o caos. Existem muitos que estão à mercê de forças destruidoras e passam aos desavisados encarnados sua frustração.
— Mas esses não são observados por irmãos de guarda?
Sim, todos são observados, mas existe também o livre-arbítrio, tanto no mundo espiritual quanto no plano Terra; nos dois pontos existe portanto a livre escolha, como livre também as conseqüências. Assim, o vigiar é uma porta de equilíbrio e o homem, sabedor desse aliado, hoje em dia se esquece de seu poder, deixando-se levar pela maledicência e pelo opróbrio, trazendo para seu viver a desesperança e o sofrimento.

Agora é a prova máxima para que todos se encontrem e saibam ter claro sua escolha, para que tenham um acerto em suas posições, pois sempre terá ganho quem tudo alcança pela

LUZ, pela PAZ, pelo AMOR.

As ocasiões darão permissão que o homem prossiga em seu caminho para alcance de bens maiores; é só saber estar em posição para a escolha.

O destino do homem é ele quem faz

A RESOLUÇÃO ESTÁ PRESENTE NA VIDA DO HOMEM PARA QUE ELE SE POSICIONE, QUE SAIBA, PORTANTO, ESCOLHER, MAS NEM SEMPRE ISTO ACONTECE.

As oposições que ocorrem no dia-a-dia de todos os encarnados fazem com que, muitas vezes, não se deparem com o que realmente têm a fazer.

— Como as oposições se apresentam?

O viver do homem é cheio de imprevistos, mas essas mesmas oposições fazem com que ele se desvie naturalmente de sua rota, trazendo muitas decepções e descaminhos, muitas vezes malogrando uma encarnação.

— As encarnações não são previamente determinadas?

Sim, mas as intenções desta muitas vezes encontram barreiras, e o encarnado não sabe como contorná-las, sendo suas atitudes que determinam a vitória na escolha. Estamos vendo que, se não estiverem bem estruturados seus sentimentos, não saberá escolher, e assim se tornará mera diversão e fracasso essa descida na carne.

— Como assim?

Muito simples. O encarnado se deixa levar pelas oscilações de seu meio ambiente, e é natural que escolha sempre o melhor para sua satisfação; no caso, as ilusões dos sentidos, o chamamento carnal, são caminhos que distorcem a intenção, levando todo seu empenho à desolação.

— Mas se tudo é tão bem programado não deveria existir desastres assim?
Tudo é passível de erros. Há uma parte muito importante e mais sutil de sua formação, que é a observação das leis naturais, dos ensinamentos da natureza, pois tudo se recebe na mesma escala da semeadura.
O ser humano está envolto nos sentimentos nobres, mas mesmo assim se deixa levar pelos descaminhos e entra em desordem. Natural, pois, que tenha sempre alerta seus sentidos para que nada seja uma surpresa, e se estiver cônscio de seus deveres, nada poderá atingi-lo.
Sabemos nós que tudo vem naturalmente se instalando no coração do homem e sua sedimentação se faz com sua permissão. Portanto, está em seu consentimento sua permanência, e se ele estiver sempre atento, nada o atingirá.
Está na pureza de sentimentos sua guarda, mas nos referimos a sentimentos naturais, básicos, não a sentimentos adquiridos pela cobiça que transtornam o amor do homem.
Todos temos deveres e obrigações, igualmente temos também consciência de todos os atos praticados; portanto, o estar alerta é que salva, que indica e que leva o encarnado a caminhos da

LUZ, da PAZ, do AMOR.

Se você permanece no estado de inércia, necessita de seu despertar para que possa prosseguir e alcançar; tudo o mais são meros acasos.

O homem e suas ocasiões de progresso

NEM SEMPRE O HOMEM ESTÁ CONSCIENTE DE SEUS DEVERES E SE DESEQUILIBRA.

As aparências emprestam às atitudes do homem certos ângulos que o fazem ser julgados indevidamente, caindo sobre ele oposições de seus irmãos.

— Como entre irmãos que estão no plano da Terra acontecem enganos que os afastam entre si?

O momento dá esta oportunidade. Quando o homem é invigilante, estará propenso à invasão de espíritos oportunistas que o espreitam, e é por isso que todos devem estar atentos em seu viver; a permanente vigilância deveria ser a atitude do homem para que se proteja.

O meio ambiente está destruído por seu procedimento insensato. Hoje, os pensamentos dos homens são carregados de interferências, mormente quando ele está em grupo mal formado, sem respaldo espiritual, fazendo toda sorte de infortúnios que sempre se voltam contra ele mesmo, trazendo-lhe sofrimentos.

Mas nem sempre é assim, podemos ver homens bem assistidos; não é uma regra esse desconforto.

Sabemos que é uma evidência, o homem é constituído no plano divino, portanto é íntegro, mas por suas próprias atitudes de invigilância se torna presa fácil dos espíritos malfeitores; tal qual acontece no plano físico, os desavisados são atacados.

As correntes do Cosmo vêm à Terra trazendo auxílios, mas elas mesmas encontram dificuldades pelo acúmulo de formas-pensamentos que também fazem parte do meio sideral, acumulando-o de partículas negativas que se juntam, formando barreiras, dificultando que as correntes assistenciais passem desimpedidas durante seu trajeto de auxílio ao homem. Portanto, há o impedimento produzido pelo pensamento dos homens, é sua produção vindo de encontro a ele mesmo.

Nada aconteceria se o homem fosse submisso a si próprio, se respeitasse e acatasse seu princípio que tão bem o serve, e não se deixasse contaminar por assaltos importunos a seu viver constituído, que traz a incumbência do amor e da caridade distribuídos, para que a harmonia e paz sejam implantadas no plano da Terra.

O Pai é dadivoso e bom, o homem às vezes peca por sua livre vontade, interceptando benefícios que viriam em seu socorro.

É preciso alerta para que a união seja a guarda maior, que os sentimentos se abram em direção aos irmãos, que todos se amem com igual intensidade, para que seja restaurado o plano Terra, que ele seja o plano de regeneração e de consolo, nunca de sofrimento e dor. E assim encontrariam a felicidade de existir na conquista sempre presente do amor.

Nada é mais oportuno do que a observação dos preceitos divinos, que são tão simples de serem colocados em prática, e assim todos estariam envoltos na

LUZ, na PAZ, no AMOR.

Sua parte é importante que seja observada,
pois está nas menores decisões os gestos sublimes.

A união dos que trabalham trará alegria de aqui estarem

OS QUE ESTÃO NO PLANO TERRA POR CERTO SENTIRÃO GRANDES ABALOS, POIS SUA ESTRUTURA FÍSICA SOFRERÁ NOVAS POSIÇÕES.

Os acontecimentos deste fim de século já eram esperados. Portanto, que cada um receba conforme seu merecimento.

— Mas como um ato físico pode atingir o homem?

Simplesmente em sua atuação direta, como é natural; mas, além desse atingir, ainda estará exposto à instabilidade de seus sentimentos, pois em toda luta há vencidos e vencedores, e esta será também uma luta, só que entre dois polos, o agressor e o devastado.

A agricultura deste fim de século está sendo atingida por inúmeras manifestações da inteligência do homem. Ele tem procurado, por todos os meios a seu alcance, modificá-la com sua engenharia para melhoria da saúde do homem. Porém o mundo sofre de uma fome terrível, que leva à inanição e à morte, ao mesmo tempo em que muitos se regalam com tamanha descoberta e abastança. A desigualdade é a mais terrível arma de destruição. O homem está se deixando levar por ela e será recompensado também por ela; terá o que semear.

O desequilíbrio é uma fonte de ambição, ou melhor dizendo, um estímulo a investidas; muitos que sofrem terão seus direitos ignorados, mas nem todos se submeterão a essa distribuição injusta e se acentuará o desequilíbrio social; o homem sofrerá.

Estamos sentindo a desigualdade das classes sociais; muitos foram aquinhoados por bafejos da bonança, enquanto outros perecem na inanição, morrem em cima de tesouros que lhes dá a mãe Terra. Igualmente permanece a diferença, uns com tanto, outros com pouco ou nada.

Onde estará a igualdade no plano Terra? Quando tudo que ele dá será de todos que o habitam? A mãe Terra, a mãe natureza alimenta o homem sem fazer escolha. A única forma de paz é quando todos se entenderem e souberem que não poderá haver discriminação. A paz é harmonia, enquanto a cobiça e a exploração significam discórdia e dor.

O homem se esquece do maior bem da natureza que é o viver em paz; estando ele em qualquer latitude, seja ele vivente não importa onde, sempre estará entre irmãos. Portanto, que o trabalho seja a meta constante para que progrida e que esta seja a única ambição comum a todos, para que sintam a grandeza de serem humanos e estarem aqui, bendizendo sempre a vontade do Pai que lhes deu por cenário de suas expiações o plano da Terra, a mãe natureza que os recebe sempre de braços abertos, alimenta-os e protege-os para que, unidos, sigam em demanda de melhores posições guiados pela certeza de se entregarem eternamente à

LUZ, à PAZ, ao AMOR.

Se todos juntos lutarem, encontrarão o equilíbrio da paz e da abundância que lhes oferece o plano da Terra.

A atenção é a grande proteção

OS QUE CAMINHAM ESTÃO SUJEITOS AOS EMPECILHOS, MAS ESSES SE TORNARÃO IMPULSOS QUE OS FARÃO DISTINGUIR A SAÍDA.

Nos tempos modernos é natural que as facilidades se dêem, tanto na aquisição de bens como na perda desses haveres, mas o homem deve estar atento em suas atitudes para poder cumprir com sua finalidade, que é sua evolução.

As aparências dão uma visão nem sempre verdadeira dos fatos, mas também muitas ocasiões são verdadeiras, embora com uma visão distorcida dos fatos. Portanto, o homem deverá estar atento, porque sua permanência neste plano é ilusória, como tudo que consegue, sem que seja para sua evolução e distribuição a seus companheiros de ocasião.

O homem tem sentido solidão em sua permanência; de seus companheiros de ocasião não tem recebido atenção. Mas ele é olhado atentamente pelo mundo espiritual, pois muitos há que são portadores de grandes verdades e necessitam dessa proteção permanente para que não sejam atingidos por nenhuma adversidade. Entretanto, no mesmo espaço em que transita o auxílio, a proteção, também está a adversidade, e o equilíbrio do homem é apenas sustentado por seu silêncio interior, sua escolha e atenção plena naquilo que faz. Neste estado, seus companheiros lhe dão auxílio e proteção adequados a seus propósitos de encarnado para que atinja seu objetivo que é a evolução.

— Todos os encarnados têm sua proteção no mundo invisível?

Natural que sim; apenas o despertar é o maior aliado desse encarnado, colocando-o nas faixas de comunicação constante, sintonia necessária a que fluam auxílios, e se a certeza de sentimentos for clara, tudo será conseguido.

— Nem todos o conseguem?

As vibrações não são iguais, mas têm influências sensitivas mais acentuadas, seja por seu nascimento, seja por sua devoção, pois existem encarnações de espíritos abnegados e submissos à fé, e sua alma sensível é um canalizador de bens que o atingirão sempre e que o transformam em pontos carregados de auxílios para distribuição entre seus semelhantes. Daí os sensitivos natos, que são os representantes de auxílios inestimáveis de força, que se tornam em caudal de bênçãos em sua volta, formando um cinturão de proteção; e os acontecimentos de uma encarnação se dão naturalmente, mas sempre protegidos e amparados em suas forças.

É preciso estar atento aos recebimentos, tanto quanto às distribuições; depende desse estado de alerta a finalidade de uma encarnação bem sucedida, para amparo de muitos e evolução sempre constante de um espírito que se junta a outro na formação de pontos de auxílios que conseguem um bem de grande alcance para a humanidade.

Nada se perderá se existir a fé naquilo que se faz, e assim todos sairão lucrando em alcance sempre constante à

LUZ, à PAZ, ao AMOR.

Se você está encarnado, cumpra sua missão de amor; terá tudo que necessita em proteção e amparo.

Atenção: a vida é sempre um despertar!

NADA INTERCEPTARÁ O AMOR QUANDO SAI DO CORAÇÃO DO HOMEM. É PRECISO, NO ENTANTO, QUE ELE APROVEITE ESTE POTENCIAL QUE TRAZ EM SEU CORAÇÃO, DISTRIBUINDO-O COM SEUS IRMÃOS.

A força do sentimento faz com que esse poder faça milagres, e o homem é uma fonte que alimenta seu ambiente. Deus, nosso Pai, deu esse poder para que o homem se tornasse humano, mas ele tem esquecido esse ponto de apoio e se colocado como algoz de seu próprio corpo.

— Como?

O homem não tem tido respeito por si próprio; seu corpo é seu maior aliado, mas não tem sido olhado como tal, ao contrário, esse corpo, que faz o milagre do nascimento, está sendo alvo de total depredação, assim como age em seu meio ambiente. Estamos presenciando o extermínio desse templo de luz. O homem tem se portado inconveniente a si próprio.

Não é só a guerra que destrói essa paz manifestada nos dias atuais. Os homens fazem uma guerra implacável para seu extermínio, lento, mas progressivo, chegando ao ponto mais importante, seus sentimentos, pois nesse campo tem havido as maiores batalhas, atingindo as duas partes, a ele próprio e a seu irmão.

— Não é possível que isto aconteça!

Mas é possível, porque o homem tem se afastado de si

mesmo, não existe mais amor por si próprio e nem respeito às funções biológicas de reprodução da espécie, que é um ato sagrado, porta de entrada do espírito na carne. Muitos atentados têm acontecido neste ponto. Os homens não respeitam mais o sexo, têm feito dele uma função de prazer e até de extermínio, pois as atitudes estão inversas, o sofrimento tem sido terrível, o homem se avilta perante ele mesmo, a moral tem se tornado rara na convivência entre os humanos.

— Como tudo chegou a tal ponto?

A invigilância, o desamor, o devaneio dos sentidos, a corrupção dos costumes pelo poderio das drogas, que faz do ser humano escravo do vício, e o afastamento de seus sentimentos; tudo isso tem sido a porta aberta para a destruição do próprio homem que está perdido nele mesmo, esquecendo-se de que é humano, cometendo os maiores desatinos em nome da própria consciência, que se torna falha e omissa. O ser humano está deixando de existir. É preciso algo muito poderoso para que aconteça o despertar.

Todos caminham entorpecidos, envoltos em sentimentos egoísticos e amortecidos em seus sentidos, mas o homem não poderá continuar nesse estado de torpor onde se lançou, pois a vida é sempre um despertar, e se for agora ainda poderá reconquistar seu lugar, que é onde está a

LUZ, a PAZ, o AMOR.

Todos perambulam pelos caminhos do mundo; uns, seguros de seu desempenho; muitos, desavisados e afoitos. Mas todos são filhos do pai.

É hora de refletir

NADA MAIS PODEROSO DO QUE O VIVER, E O ESPAÇO ENTRE IRMÃOS DEVE SER PREENCHIDO PELO AMOR; SOMENTE ESTE ELO EQUILIBRARÁ A PASSAGEM POR ESTE PLANO.

As condições funcionais do homem estão chegando a um ponto de desequilíbrio, seja por sua constituição física desgastada, seja pelo meio ambiente contaminado que o está levando a tal situação. Para que as manifestações se façam sentir plenas de equilíbrio, seria indispensável que o homem modificasse sua própria influência; seu interesse está sendo dirigido a coisas supérfluas a seu viver, como os chamamentos enganosos que o estão levando a este estado de desequilíbrio, e nesta parte notamos principalmente a cobiça.

— Cobiça é desejar o que tem o outro?

Não dizemos propriamente neste sentido. A cobiça é uma parte dos sentimentos que se desdobra em desejos mórbidos. O homem já não sente desejo por coisas que não lhe pertencem, mas a cobiça é imperiosa quando não está em jogo este desejo; torna-se uma influência perniciosa, abrangendo seu campo magnético, dando oportunidade que se rompa seu próprio campo de defesa, levando-o a cometer desatinos. É bem verdade que o homem tem se rebaixado em seus deslizes, já nem são propriamente deslizes, mas fonte de agressões a sua personalidade fluídica, deixando os miasmas penetrarem em sua estrutura, trazendo para seu corpo físico doenças e males da alma, como o desencanto pela vida, o desinteresse pelo que se passa com seus irmãos.

O desleixo, o descuido da conservação desse estado, de seu lado primitivo de amor, está lhe trazendo outra responsabilidade, a do homem instável e transgressor de seus deveres, já não se importando em atingir seus irmãos, tornando-se depositário de infortúnios.

A cobiça infiltra-se, como o câncer, no viver do homem; ele não se capacitou ainda do grande mal que faz a si próprio quando se entrega ao ócio de seus próprios deveres, o que não atinge somente a ele, pois traz a seu meio desastre maior; todos se juntam, num torvelinho de incertezas, trazendo o caos à sociedade e à família, e é esta a mais atingida.

— Então tudo está em desordem?

Se o homem persistir neste caminho, sim, mas se houver um segundo de reflexão, uma parada em seu poder desenfreado, poderão por certo encontrar seu caminho de volta, trazendo nesta ocasião o mais precioso, sua família que estivera tragada pela cobiça de seus desatinos. A variação de seus dissabores, a entrega total aos desvarios trazem ao homem sua desordem psíquica, levando-o ao caos.

Há esperanças para todos, mas a conscientização deverá estar presente agora, para que tudo não passe de um espaço entre o bem e o mal, para que possam caminhar em demanda da

LUZ, da PAZ, do AMOR.

Se o homem se modificar, tudo estará a salvo.
É hora do trabalho de recomposição.

A hora é de trabalho

O MOMENTO PRESENTE É DE ALERTA, O PLANO DA TERRA ESTÁ SOFRENDO INFLUÊNCIAS DE TRANSFORMAÇÕES.

A estrutura da Terra está se modificando, isto está acontecendo há algum tempo, mas agora esse processo está se acelerando.

O ser humano igualmente tem se modificado, ele até não o sente, mas o mais importante já aconteceu, que é a dissolução da família.

Todos os acontecimentos agora estão complementando este estado, igualmente estão se desassociando; sentimos que a natureza está em evolução, dizemos assim pois não há um termo preciso, muitas forças estão igualmente se libertando e seu clima entra em período de oscilações; não haverá portanto constância de um estado, as estações climáticas se misturam umas às outras, trazendo desconforto e doenças, como epidemias antigas que estão retornando e assolando o meio ambiente. E quem mais sofrerá é o ser humano; o homem está se modificando e muitos males o atingirão.

O meio ambiente está em dissolução, também ele se desorganizará; modificando sua estrutura, coloca em risco todo o suporte de vida do ser humano; com ar e água contaminados, e o empobrecido solo também envenenado por pesticidas e outros, a Terra não mais atingirá seus objetivos, que são o de manter e fazer florescer a vida.

Além desses infortúnios, que são a base de todo alicerce, existem os sentimentos que também estão sendo desorganizados e sofrendo a devastação dos males inferiores que formam o conjunto de todo ser. Portanto, o momento se instala em definitivo, trazendo o caos para a vida humana; sua permanência será de sofrimento, não mais gozará de harmonia em seu viver, passagem repentina e definitiva para o espírito, mas arrastada e demorada para o homem.

Nada mais importante do que a volta dos sentimentos ao estado natural para poder compreender tudo que acontece, mas o homem tem estado distraído com suas próprias desavenças e portanto sofre as amarguras de sua produção. É preciso que ele pare um pouco e reflita; ainda poderá recompor-se de todo este desalinho. Ele não terá poder sobre o plano Terra, mas terá influência benéfica em seus próprios atos, e sendo assim ainda poderá ter esperanças, embora muitos a tenham, mas se quedam na simples comodidade. No entanto, se acordar a chama em seu coração, ainda se erguerá glorioso e conseguirá, por certo, seu caminho de volta, e poderá tirar proveito para si próprio e, quando da separação, quem sabe, poderá migrar a outros planos cheios de doçura e paz, e então retornará sua trajetória em demanda à

LUZ, à PAZ, ao AMOR.

O trabalho do homem será um só, seu poder está em suas mãos, sua ação também.

O dever cumprido na preservação da vida

OS PRAZERES E OS SOFRIMENTOS DO MUNDO O ESTÃO LEVANDO A TRANSFORMAÇÕES. ESTEJAM ATENTOS.

Nas necessidades do homem está sua procura, pois todas as vezes que ele sofre, aumenta seu potencial de necessidades, como é normal, e dá entrada de bens que o consolam, e a porta que se abre nesse sentido não se fechará jamais; está aí um começo.

O homem que se dá a seu semelhante em trabalhos, também tem o momento mágico e nunca se esgotará esse manancial de doação; quanto mais der, distribuir, mais receberá em troca, e formar-se-á em seu redor um halo protetor e, ao mesmo tempo, catalisador de energias salutares que o ajudarão a compor seu potencial de doação. E assim sempre estará armazenando para seu trabalho.

— Então, quanto mais der, mais terá?

Sim, é um dos milagres do Cristo quando de Sua descida. Abastecia-se na distribuição da caridade, do amor. Assim também o homem sempre terá para seu grupo humano, que são todos os seres da natureza.

Os milagres do amor estão por toda parte, a natureza é um grande celeiro de distribuição de auxílios, todos os necessitados nela encontrarão refúgio e proteção.

— O homem está num paraíso?

Natural que ele faz parte deste paraíso, mas sua desatenção o está prejudicando, e com sua ação tem danificado esse doador que é o planeta Terra, cujo maior empenho é dar vida ao homem, dando seu apoio em sua floração, em seu desenvolvimento. Mas, mesmo assim, recebe agressões e está sendo destruído por seu próprio filho que, por sua cobiça, poderá empanar-lhe o progresso. Todavia, oportunidade de redenção ainda virá, tanto para o plano, quanto para seu agressor.

O caminho é um só, basta que se tenha olhos para ver, ouvidos para ouvir o som do clarim anunciando a redenção, e nessa hora é necessário que o homem já esteja alerta, pois, se não for desse modo, ele terá seus ouvidos surdos e não distinguirá a beleza do momento.

O cumprimento do dever é um dos alicerces onde repousará o progresso e a evolução. Se todos se conscientizarem da grande verdade que é o poder do amor, do respeito às leis da natureza, sairão lucrando e alcançarão planos onde estarão em demanda da

LUZ, da PAZ, do AMOR.

Nada é mais importante à vida do que o respeito por ela mesma.

Todos por um só objetivo

NADA PODERÁ DETER O HOMEM EM SUA CAMINHADA; É PRECISO REFLETIR NO QUE FAZ PARA NÃO DESTRUIR SEU MEIO.

Estará em eterna vigilância todo aquele que amar, porque este sentimento trará paz e equilíbrio, pois, se assim não for, o ser humano estará alijando de si seu maior aliado.

A posição do homem no planeta Terra tem sido nefasta para o meio, pois está se tornando um símbolo de destruição. Enquanto sua ambição ceifa vidas a seu alcance, a natureza procura de todas as maneiras se proteger, mas muitas vezes é atingida, como tem sido no campo com os pesticidas, trazendo danos incalculáveis à saúde do próprio homem.

Estamos vendo o esforço e a tecnologia chegando a outros estados da natureza onde quer descobrir vida. No entanto este mesmo homem não cultiva e nem protege a vida que tem a seu lado, e nem a este lindo planeta que se chama Terra, que o acolheu e mantém.

Como se portará quando conseguir se estabelecer em outro lugar? Como conseguirá ter tudo para seu conforto? É preciso estar atento para não ser ele o portador da morte, mas sim um emissário de plena saúde, viço e alegria.

O homem quer conhecer, mas não se importa em conservar aquilo que possui; tem e não preserva seu tesouro; quer ser senhor, mas é escravo de sua ambição.

O ser humano não pode ser dono absoluto da razão, como também não o é do que é seu, do que o rodeia, pois está, com sua atuação, destruindo este cenário que o Pai colocou a sua disposição para sua evolução, para poder encarnar, dando oportunidade a sua atuação benfazeja. No entanto, bem ao contrário tem sido essa presença; tudo tem destruído com sua ambição.

É preciso acordar para que não seja tarde demais e não pereça em sua própria influência.

O homem é perfeito em seu organismo físico, mas tem se portado a tal ponto destruidor, que sofre ao estar presente em meio à natureza, pois esse cenário encantador, que é cheio de vida, está contaminado por sua atuação, e quem mais sofre é sua própria vida, pois fenece acometido por males infringidos por seu meio, como a poluição dos ares, a contaminação do solo e o que é mais terrível, a contaminação pelos pensamentos desequilibrados e desarmoniosos que está aniquilando a circulação de auxílios que chegam para seu bem-estar.

— Que fazer?

É preciso despertar para poder se posicionar perante a razão e sentir que só por intermédio da vida se prolonga a vida para que ela seja o elo que o ligará eternamente à

LUZ, à PAZ, ao AMOR.

Se todos se juntarem em redor de um bem comum, o plano será salvo, se não, será a derrocada geral.

O anel de luz formado pelos sentimentos dos homens

O AMOR SERÁ O GRANDE CONQUISTADOR DE TODOS OS MUNDOS. É PRECISO ESTAR ALERTA.

As ocasiões se apresentarão tão de mansinho que o homem acordará desse sonho a que foi levado por seu descuido, retornando ao que era quando de sua formação, mas terá que se dispor ao recebimento desse bem, se não haverá o caos e ele se precipitará no abismo sem retorno.

É preciso observar a volta que no presente momento vem ocorrendo; o homem está adotando hábitos que já possuía, se bem que num mínimo de atitudes, mas é preciso dar o primeiro passo para que os outros sigam uniformes e cadenciados.

As atitudes em geral estão tornando a convivência no planeta Terra muito sofrida; existe um clima de destruição que já começa pelos sentimentos. Por isso é preciso o retorno do homem a seu próprio coração para que tudo possa ter um resultado final favorável.

— Ainda há esperanças?

Em todas as circunstâncias sempre existiram esperanças, embora pareça tudo perdido, mas a renovação dos sentimentos dará um reforço na aceitação de um novo caminho, o da regeneração, e se houver um real empenho sempre haverá uma possibilidade de alcance.

Nada poderá estar alheio aos acontecimentos, até o ínfimo tecido tem seu papel nessa reconstrução; tudo está se aglomerando em volta de um regresso, e o homem estará pleno se conseguir desvencilhar-se de seus empecilhos atuais que o sufocam.

Em todas as ocasiões do processo de regeneração haverá auxílios. Portanto, terá soerguimento do caos todo aquele que se entregar por inteiro ao trabalho de reconstrução, e assim o plano Terra também sentirá seus efeitos e se reestruturará. Mas esse período não será assim tão fácil de superar; muitos esforços e muito sofrimento estarão presentes na vida do homem, e ele só poderá sair vitorioso se puder alcançar seu próprio coração, trazendo para si a glória de estar integrado ao grande círculo que evolui o planeta. Se todos o alcançarem, formarão um anel de luz e, em conseqüência, iluminarão também o caminho de ascensão do planeta Terra, passando a habitar seus lugares alcançados com esforço que estão na

LUZ, na PAZ, no AMOR.

É preciso ser perseverante para o alcance de um bem e esse bem será de todos.

Sua atuação será nefasta se não compreender sua posição

O<small>S QUE ANDAM PELOS CAMINHOS DO</small> P<small>LANO</small> T<small>ERRA</small> <small>DEVERIAM ESTAR ATENTOS.</small>

Os peregrinos do planeta Terra estão atravessando dificuldades, todos sofrem do mesmo mal, estão se contaminando por seus próprios atos.

Poderá parecer não existir um modo que clareie a atenção do homem, mas seria como não ouvir os lamentos de sofrimentos; tudo que está acontecendo é produto de sua insensatez, e agora culmina com a modificação também dos hábitos do planeta.

Dirão muitos, hábitos não são próprios de planetas, mas saibam que todos têm sua constante modificação, pois tudo evolue. Assim como o homem aqui neste plano, também ele, o planeta, e todos os demais estão em processo de evolução, tanto assim que irão acontecer desequilíbrios e os caminhos dos astros igualmente sofrerão abalos, talvez até por influência dos da Terra, que lança no ares toneladas de interferências. Sabemos do equilíbrio do universo, mas a perturbação mental dos habitantes deste plano emite influências negativas, daí a contaminação, além, é claro, dos tóxicos que sobem aos ares, envolvendo o planeta em densa camada nociva.

Não há interferência maior do que os pensamentos de destruição que emanam das mentes humanas, elas são poderosos detonadores de situações, modificando todo um conjunto, e em

particular a aura da Terra, que está se contaminando.
— Como aura, a Terra tem aura?
Como tudo o mais. Digamos que é conhecida como faixa magnética, que nada mais é do que o envoltório próprio dos corpos, que gravitam em suas posições; o homem no planeta Terra, e este no universo. Sabemos que o equilíbrio é mantido por intermédio desses campos; a força de atração de um roça de leve a fímbria do outro, e assim gravitam em harmonia. Assim, também os encarnados estão sujeitos ao mesmo princípio, e agora o desequilíbrio está mantido por este mesmo princípio, e sua oscilação está trazendo grandes prejuízos ao ser humano.

O homem não respeita mais os limites, sua mente física, que produz seus hábitos, está influenciando este círculo de proteção que existe entre todos, e não há mais um rigor nesse sentido; o mal que atingir a um estender-se-á a todos, e assim perdem o que é mais importante, seu intento, deixando-o então à mercê das intempéries.

É preciso conhecer para estar cônscio de seus deveres e assim trazer de volta a harmonia, para que possam alcançar o que sempre tiveram ao nascimento, que é a

LUZ, a PAZ, o AMOR.

É preciso estar ciente de sua atuação para não haver o desequilíbrio de uma oportunidade de evolução.

É tempo de reconstruir

NEM SEMPRE OS HOMENS ESTARÃO A POSTOS E POR ISSO SOFREM AS CONSEQÜÊNCIAS DAS INTEMPÉRIES QUE RONDAM O PLANO.

Os incautos estão por toda parte, e as influências negativas agem com poderosa intensidade, envolvendo o homem e levando-o ao desequilíbrio.

Esses acontecimentos são comuns no plano da Terra. Portanto, quanto mais distraído o homem, mais sofrerá. Estamos vendo que o plano está desarmonioso e, como sempre alertamos, seus habitantes têm uma grande parcela de responsabilidade nestes acontecimentos.

— Como o homem é culpado?

Ele vive desordenado, trazendo influências para seu habitat, pois em volta do planeta giram forças poderosas e seu limite gravitacional exerce também no homem grande influência; são dois agentes em conflito, o homem, habitante do planeta Terra, e as forças que delimitam seu domínio, e entre essas forças, de todos os astros, está uma faixa neutra que dá o equilíbrio. E o homem está sob domínio negativo.

— Como assim?

Com seu proceder, ele exerce também sobre essas forças seu poder de atração, e quem perde é, forçosamente, o de menor intensidade, nesse caso o homem.

— Por que o homem?

Ele tem seu livre-arbítrio, escolhe o que produz, descuida-se totalmente, seu desamor gera desequilíbrio, e suas funções orgânicas se desorganizam, não falando, é claro, nos agentes externos que estão prejudicando as estações climáticas, como estamos presenciando.

É preciso que saia do coração do homem seu próprio auxílio, que ele se modifique, aprenda a respeitar, como em seu princípio, seja puro de sentimentos, neutralize as forças que giram em seu meio e que produza o amor, pois será por esse veículo que ele se erguerá do caos em que se lançou.

Estão bem perto as influências que modificarão o planeta Terra, e este cenário encantador se transformará em sua estrutura íntima.

O trabalho do homem, seu cuidado, seu bom senso devem prevalecer, para que se encontre e, encontrando-se, terá seu caminho de volta glorioso, e todos sairão lucrando e a paz voltará. No entanto, ainda terá que receber tudo aquilo que fez de bem e de mal a seu hospedeiro, feito e concebido pela graça de Deus, e tudo será como deveria ser, e a tranqüilidade da caminhada se restabelecerá, e seguirão unidos em demanda da

LUZ, da PAZ, do AMOR.

Nada se consegue se não se corrigir
os erros cometidos pela desatenção.

O tesouro escondido

OS QUE PODEM PERMANECER EM SEU CAMINHO DA CARIDADE DEVEM DISTRIBUIR OS DOTES DO CORAÇÃO.

Os momentos em que o encarnado se coloca em seu altar interior deveriam ser repetidos inúmeras vezes, até que ali permanecesse em definitivo, pois lá estaria seguro das intempéries da encarnação.

— Mas se o espírito está encarnado, natural que já faça parte deste ato.

Nem todos os encarnados dividem seus bens; muitos ainda não sabem que o possuem, estão alheios a este poder e passam por maiores privações.

— Como assim?

Simplesmente se esquecem de que não será preciso ir buscar alhures o que possui para distribuir, que são os mesmos bens e os mesmos auxílios. Portanto, cada um é senhor de seu cabedal de caridade, mas se torna um estranho em meio a suas riquezas.

O homem está pleno de poderes que lhe dão o mundo oculto, mas nem todos sabem como usá-los. Muitos se esquecem de que não são puramente parte física. É bem verdade que o físico é preciso, mas temos a experiência que nos dá a natureza; ela produz belas flores sem perfume. O homem pode apreciá-las, mas não se inebria com seu perfume. Assim o homem que não conhece seus sentimentos é como a flor que encanta, mas não traduz o que alimenta o sentido do olfato; o homem possui seu perfume natural, mas ele se esquece dele, já a flor não tem essa posição.

Nada poderá se interpor a nenhuma formação, e o homem é perfeito em sua natureza, possui seus atributos principais, mas se esquece deles, porém tudo acontece naturalmente quando, por acaso, ele se vê em desatino e procura algo que o possa socorrer. É nessa hora que muitas vezes seu despertar para esses poderes se dá, e assim só pelo sofrimento o homem encontra o caminho de seu coração.

As ocasiões para colocar em prática esses poderes são constantes, o homem é que se torna distraído. Ele precisa saber que possui um tesouro e que essa riqueza é de todos, pois circula de coração a coração.

A Graça da presença de Deus é que governa esse estado e, portanto, o homem tem inesgotáveis recursos de auxílios, mas se torna um deserto por sua própria vontade. Quanto mais ele der de seu, mas seu cabedal aumenta; isto todos sabem, mas é preciso lembrar constantemente para que este poder seja acrescido sempre e se expanda por inteiro.

Está num simples gesto todo o potencial de seu coração, como também lhe é vedado este ato se seus sentimentos estão alheios ao sofrimento de seu irmão.

É hora de distribuir para aumentar o tesouro que guarda seu coração, e assim todos unidos ganharão a permanência de estar na

LUZ, na PAZ, no AMOR.

Você tem um tesouro e não o conhece.
É preciso descobri-lo para sentir seu valor.

A hora da distribuição

OS QUE CUMPREM COM SEUS DEVERES SERÃO RECOMPENSADOS. A VIDA SE INCUMBE DE COLOCAR CADA UM EM SEU LUGAR.

Os momentos atuais dão oportunidades a todos, mas é preciso que estejam preparados para que distinguam seus passos, pois os terrenos por onde pisam são quimeras; os sentimentos que os guiam são suas sentinelas.

— Por que existem tantos chamamentos?

Para que o homem se distraia. Todos os caminhos são ladeados de quimeras que fazem com que o caminhante se distraia e saia de sua rota. Mas, se ele tiver em seu coração a guarda, a humildade, o amor, poderá transpor seu caminho sem se extasiar com os chamamentos enganosos. Todo aquele que está cônscio de seus deveres é vitorioso.

— Por que os caminhos são ladeados desses tropeços?

Para que os incautos se distraiam, pois assim as forças negativas que estão por toda parte saem vitoriosas. Porém isso não ocorrerá se o homem estiver em seu centro cardíaco. Sempre chamamos a atenção do homem para que procure ser cônscio de seus deveres, cultive seus sentimentos, olhe para dentro, pois aí estão seus achados que valerão por toda uma encarnação.

É preciso dar atenção às pequenas coisas do dia-a-dia, pois são elas que sustentam a caminhada; não deixar nunca que se

infiltrem em suas atitudes a insensatez e o desânimo, pois sempre haverá a hora do despertar.
— Como o homem está tão perturbado?

Ele se encantou com quimeras, seu corpo se acostumou com honrarias, favoritismos, bajulações e se deixa enganar pensando que aí estão seus pertences; puro engano, seus pertences estão em seus sentimentos de caridade. Mas não pense que dar sem atenção, sem sentimento é caridade; se assim fosse, muito fácil seria entrar no reino dos céus, bastaria distribuir riquezas alheatoriamente. Não, se a ajuda, a atenção não forem acompanhadas pelo ato da caridade, pelo agasalho do coração, representariam apenas um mero ato de distribuição física. A caridade deve ter por companheira os sentimentos de irmão; só assim a dádiva será entregue a seu legítimo dono e os benefícios desse ato serão para todos aqueles que repartem o pão, mas envoltos no amor.

Chegará o tempo de paz em que o homem compreenderá que é veículo de caridade. Então, a humanidade estará salva de si mesmo e todos compreenderão o verdadeiro sentido da vida.

A hora é importante, é preciso estar consciente na

LUZ, na PAZ, no AMOR.

Você é um ser humano cheio de dádivas.
Não pode reter um tesouro que não lhe pertence.

O remédio da alma

NADA SE COMPARA AO AMOR DISTRIBUÍDO, À CARIDADE QUE SE DISTRIBUI COM SEUS IRMÃOS. É PRECISO ATINGI-LO SEMPRE; ASSIM ESTÃO DANDO PROVAS DO AMOR DO PAI.

Há uma necessidade no campo energético que se distribua este sentimento, para que seja alimentado o corpo físico para seu desenvolvimento.

— Que vem a ser campo energético?

É um campo que envolve o encarnado, precisamente o espaço que faz passar a energia saída dos sentimentos de seus irmãos, e é por isso também que não se deve emitir pensamentos-energias que não sejam salutares, pois como entram as energias dos sentimentos nobres, também, pelo mesmo veículo, passam os da cobiça, da inveja, por exemplo, resultando num sentido negativo.

— Mas, se o campo é aberto, todos os sentimentos podem alcançar o coração?

Sim, mas a fonte forjadora desses sentimentos é que precisa estar alerta, daí o "vigiai" constantemente, o "orai" sempre, para que de seu coração não saia a destruição a seu irmão, para que ele se sinta bafejado pela força quando está nesse alcance.

O convívio entre irmãos é importante; o trabalho em grupo equilibra e dá vigor, o companheirismo ampara seus componentes, uns sustentam em equilíbrio os outros, que muitas vezes, se descuidam e são alcançados pelo poder negativo.

— O poder pode ter alcances diversos?

Sim, tanto os maus como os bons; existem igualmente as duas influências e está no coração sua escolha. É por isso que afirmamos e alertamos sempre: o homem é produto de seus sentimentos; daí a necessidade de estar atento para distingui-los, para que haja a separação e o extermínio do mal, através do cultivo contínuo dos bons e neutralização dos maus.

Todos os encarnados necessitam deste burilamento, e está na família o primeiro auxílio; a mãe é figura tão importante quanto o pai, suas influências marcarão a vida inteira do filho.

Os sentimentos são fontes de saúde e harmonia para irmãos que se nutrem; portanto, o médico mais importante na face da Terra é o próprio homem que nela habita. Se ele cuidasse dessa doação, em sua cristalinidade, estaria favorecendo o fim das doenças decorrentes de energias negativas, fazendo florescer o bem-estar e a esperança. Não queremos com isso afirmar que as doenças que atingem o corpo físico sejam todas elas produzidas pelo campo energético, mas podemos afirmar que muitos males advêm daí.

Seria bom para todos se houvesse essa conscientização de valores e todos tomassem por bem essa revitalização e procurassem em sua fonte a causa de sua influência, procurando deste modo alimentar seu irmão sabiamente, e assim todos estariam e seriam felizes, viveriam em paz e formariam campo para que florescessem seus sentimentos, saídos e alimentados em sua fonte, abastecida sempre na

LUZ, na PAZ, no AMOR.

Você necessita desses valores para ser o transmissor salutar da vida de seu irmão.

A vida precisa ser cuidada

É PRECISO ESTAR PRESENTE EM TODOS OS MOMENTOS DE SUA VIDA, POIS A QUALQUER INSTANTE ESTÃO SUJEITOS A INTERFERÊNCIAS.

Há uma necessidade, nestes dias que correm, de todos se apoiarem uns nos outros. Grandes mudanças transformarão o planeta Terra, seja em sua estrutura física, como já está acontecendo, seja no espaço que o envolve, pois aí se cruzarão correntes que estão em desarmonia, resultado também do momento presente.

— Como o momento presente está assim tão perturbado?

Simplesmente por interferências que não são mais ocasionais, como vinha acontecendo; agora elas são ininterruptas e, deste modo, interferem neste espaço.

O homem, com sua atitude desequilibrada, atuando constante e uniformemente, cria uma investida causadora destes desajustes, pois sua atuação direta na estrutura da Terra coloca em desarmonia ambiental este planeta, que se essas agressões persistirem, não terá forças de se livrar dessa influência.

Estamos presenciando igualmente que a influência do meio modificará a vida neste planeta; as catástrofes naturais estão mais freqüentes e com maior intensidade. Estamos também presenciando as atitudes dos homens; muitos procuram modificações, mas a superioridade estatística dos que causam desastres e agressões é considerável, mostrando desse modo a desigualdade das partes.

Portanto, o que será mais proveitoso ao homem do que sua modificação? Se houvesse interesse de sua parte por esse assunto, se se mostrasse maleável, aprenderia que muito pode atuar em seu próprio progresso, apenas ouvindo seu coração e modificando seus sentimentos, pois a transformação do homem é o ponto chave de todo o progresso, e é também a seu favor que temos nos direcionado sempre para que ele se alerte e encontre seu verdadeiro caminho.

Está na hora de socorrer e constituir igualmente sua própria defesa, interiorizando-se para conhecer-se melhor. Não seria natural que seu adiantamento tecnológico resultasse em satisfação e conforto? Mas não tem sido assim. O homem tem se abarrotado de descobertas e com elas se encobrindo cada vez mais, até ao ponto de ele próprio ser um estranho a seus olhos. Seria de valor inestimável se todos procurassem a união, a concórdia, para se munirem de reforços; essas, sim, são as verdadeiras armas-sentimentos de seu viver. Sentimentos bem alicerçados em seu coração forneceriam a matéria prima para sua defesa, e todo o meio ambiente sairia ganhando, pois a vida depende do planeta Terra para prosseguir sua escalada. Todavia, justo ao contrário, a exterminação é uma constante e se tornará definitiva se não houver um estremecimento que acorde os homens dessa indolência.

Seria bom para a humanidade que a consciência coletiva da necessidade de ser bom dominasse, e que todos chegassem à conclusão de que a vida depende de sua atuação, que os levariam a se encontrar nas fontes da vida eterna, que estão na

LUZ, na PAZ, no AMOR.

As resoluções são necessárias para o resguardo da vida no planeta Terra.

A mãe, porto seguro do filho

OS AFORTUNADOS TRILHAM O CAMINHO DA TERRA, TRAZEM SUA BAGAGEM CONQUISTADA COM ESFORÇO E ABNEGAÇÃO, GANHARAM O PODER DE DAR.

Nada se tem falado da mulher que exerce um papel sem precedentes na humanidade.

Todos os seres viventes são abnegados, mas a mulher dá vida a seu filho, o que é sabido de todos, que desconhecem, todavia, o grau de intensidade da mulher.

Não se pode revelar seu sentimento da maternidade, esquecendo que lhe foi dado o poder da vida por ser a revelação máxima do amor, embora, muitas que estão encarnadas na plano da Terra tenham corpo de mulher, mas são espíritos que já se encarnaram como homens e trazem seus estigmas; estes, não podemos ter por base.

Falando do espírito da maternidade, referimo-nos ao ponto máximo da Cristandade, que foi a Mãe do Salvador, do Cristo que veio ao plano da Terra para dar seu exemplo aos homens. A mãe é uma representante do reino dos céus, está aqui para ajuda e proteção de muitos irmãos que necessitam do aconchego de seu ventre para chegarem e possuir um corpo de carne; a mãe dá sua carne para constituição de seu filho, deixando assim que se faça o poder maior da multiplicação.

No exemplo da mulher-mãe estão muitas figuras de relevo neste plano, imprimiram sua sabedoria no caráter do filho, transmitindo-lhe todo seu manancial adquirido em muitas vidas, dadas e vividas, movida pelo amor e pela caridade.

Que caridade maior que este exemplo de mulher-mãe que dá guarida, muitas vezes, a quem lhe infringiu males em seu corpo, mas que ela o acolhe com benevolência, repartindo aquilo que lhe imprime a vida, seu sangue, sua carne?

Nestes dias atuais todos se distanciam uns dos outros, mas se lembram sempre da infância, da mãe que os embalou. Sentimos que muitos atravessam mares para poder olhar naqueles olhos que o olharam, que lhe deram a luz refletida do amor.

É preciso ver que a fonte de energia mais poderosa é o olhar de mãe, que alimenta seu filho com sua vigília constante; a natureza lhe dá este poder maravilhoso do amparo e humildade.

É preciso compreender, muitos atropelos estão no mundo dos seres que dependem uns dos outros para a vida florescer, e saber que muitos chegam no ventre de seus perseguidos de outras eras, e muitas vezes também se rebelam por isso, e os conflitos passam para a presente encarnação todo seu poder de vilania. Mas tudo se apaziguará. Temos certeza de que a voz do sangue é absoluta em todas as horas e sempre os guiarão à grande fonte de vida que está contida na

LUZ, na PAZ, no AMOR.

Nada é preciso fazer para o amor florescer. Apenas que sejam mãe e filho; estará presente a voz do sangue.

O estar e o ser

Os QUE ESTÃO NA TRANQÜILIDADE DEVEM IMEDIATA-
MENTE LEMBRAR-SE DOS QUE SOFREM, POIS É IMPORTAN-
TE O REPARTIR. QUEM DÁ, RECEBE.

Nas circunstâncias atuais, estão sendo dissolvidos muitos estados de aparência, dando ao homem sua condição normal.
— Que são aparências?
Todo o ser humano traz em sua encarnação algo que lhe pertenceu em outras vidas, às vezes um simples gesto, uma atitude, etc... Mas quando esses resquícios são dissolvidos, o homem constituído perde sua impressão passada e se mostra ao natural, sua personalidade presente.
Interessante é que, mostrando-se assim, está exposto a novas aparências, mas estando alerta, não construirá essas barreiras.
— Então as aparências não são atrativos? São barreiras?
Simplesmente são supérfluas, portanto, não devem ser cultivadas. Quanto mais simples for o ser humano, mais condições terá de evolução. Estando ele livre de supérfluos, pois todas as condições de uma aquisição inadequada é supérfluo, o ser fica mais desimpedido e pode assumir novos atos que o levem a melhores posições.
— Cite algumas posições.
Ser caridoso, ter bons sentimentos, ouvir é uma posição favorável a seu próprio desenvolvimento, repartir, e uma infinidade mais.

O plano Terra está sendo visitado por influências discordantes, queremos dizer, aportam aqui influências que trazem discórdias, que são atraídas pelos pensamentos e atitudes dos homens, pois estando eles desordenados, cheios de vícios e chamamentos enganosos, são pontos de atração de tais correntes. E o plano está saturado delas, causadoras de situações que estão dissolvendo os grupos humanos que trabalham, muitas vezes, para a caridade, que por circunstâncias várias se tornam presas fáceis dessas correntes, por simples invigilância de seus membros.

É preciso o vigiar constante para que não aconteçam tais ocasiões de infiltração desses assaltos, assim podemos classificar, porquanto quem perde é a humanidade, que sofre na pele suas dores e aflições.

Todas as ocasiões do viver na carne devem ser de constante vigília, um permanente alerta, uma atenção persistente, para que essas correntes passem ao largo. Porém, para que tudo seja harmonia e equilíbrio, tem que haver constante vigília dos sentimentos; o homem é que tem que se conscientizar de que ele é o responsável por tudo que acontece neste plano. Em princípio, a atuação do homem envolve as melhores intenções, é claro, mas muitas vezes são essas intenções que levam tudo a perder.

Não se pode estar e não ser, é preciso vigiar para que o ser se torne um estar constante e pleno de harmonia. Mas, para tanto, necessário que o trabalho feito seja pautado e dirigido à

LUZ, à PAZ, ao AMOR.

Se você se conscientizar de que é o
que deve ser, o plano Terra se erguerá.
Portanto, está em suas mãos o
valor da dádiva de se viver em paz.

A modificação está presente

Os que estão por vir, encontrarão este plano se debatendo com as agressões do homem. É preciso amenizar a situação para que o hóspede não encontre tal animosidade.

As promessas de que tudo será modificado a partir do momento em que o homem se dispor a tal, já não são mais aceitas no plano oculto, pois suas afirmações de mudanças perderam a credibilidade. Todo um conjunto de bens perecerá.

— O homem é assim tão maléfico?

Ele não o é, mas tem se portado como tal, não prestando atenção em sua passagem, pois deixa rastro de crueldade excessiva. Estamos presenciando esse procedimento agressivo e exterminador.

— Mas sempre ele foi assim, ou teve sua índole transformada?

Nos primórdios, ainda tinha senso de respeito; com o passar dos séculos, transformou-se, pois seu cabedal de situações transgressoras tem aumentado assustadoramente, a ponto do homem ser desconhecido dele mesmo, tal a modificação sofrida.

A ocasião de penúria em que vive deixa transparecer essa posição. O momento presente tem sido de grandes modificações em sua estrutura social, os costumes têm se alterado é bem verdade. A era da tecnologia avançada está transformando muitos de seus conceitos e, por que não dizer, seu respeito tem sido liberado. O homem está armando sua própria prisão, pois seus engenhos, muitos deles, têm se transformado em grilhões. Notamos que seu raciocínio está mais lento, o do povo em geral, enquanto vemos surgir, na mesma ocasião, raciocínios privilegiados. Estes são os enviados, são os superdotados, são espíritos antigos, vividos em experiências várias, adquirindo conhecimentos.

— Mas, então, está sendo enviado socorro?

Poderia ser assim. Esses espíritos mostrarão o rumo perdido, mas é preciso a modificação do homem atual, é preciso observar tudo que faz para notar o que outros podem fazer, e comparar. Quem sabe, daí nascerá o despertar, pelos exemplos dos que chegam e que serão notados.

Muitos estão sendo chamados para que voltem em novos corpos e tragam a benevolência de suas almas, de sua passagem no plano Terra, para ser uma elevação que o alçará a novas posições.

O homem atual está circunscrito a sua atuação devastadora, mas chegará o momento em que ele próprio perecerá; então, o domínio do bem, do florescimento espiritual se fará presente, e a aurora do mundo retornará a seu princípio, e assim, quem sabe, merecerá a vida que lhes dá a própria natureza; reflorescerá para o apaziguamento, dará oportunidade a espíritos que chegam, e deste modo a transformação será assegurada, mas não antes da última hora em que todos refletirão naquilo que fazem para caminharem em direção do alcance da

LUZ, da PAZ, do AMOR.

Você é o alicerce dessa transmissão do bem chegando ao plano.

O dar e o receber fazem milagres

Os motivos são importantes na vida do encarnado, mas ele às vezes os relega a segundo plano e se esquece do que aqui veio fazer.

Nas ocasiões mais diferentes o homem encontra oposições, mas, se caminhar sem descanso, encontrará também aberturas que o levam ao conhecimento.

— As ocasiões são assim tão importantes?

Sim, as ocasiões são as oportunidades que o fazem decidir, e é esse o momento mais importante, o da escolha. Porém, quando sua índole está enfraquecida, só poderá receber essas ocasiões em fracasso, pois, omitindo-se da escolha, está se colocando na faixa neutra que acarreta graves prejuízos a sua evolução.

— Mas como isso acontece?

Nada acontece por acaso, e o ser, provado a todo instante, fortalece a parte de seu estado mental entrando no campo de sua vontade livre; assim, se ele estiver preparado e conhecedor de suas necessidades, colocará em prática os conhecimentos adquiridos não só nesta presente encarnação, mas procurará reforços em seu lastro espiritual, aquele que está a sua disposição no plano sutil. Sabedor de que tem esse lado de que poderá dispor, terá discernimento na escolha e por certo terá surpresas, pois ele próprio, encarnado, não sabe de seu cabedal adquirido em muitas vidas, que é um somatório de benfeitorias que o abastecerão sempre.

— Então, o encarnado tem um banco de reservas onde poderá se abastecer?

O exemplo é preciso, mas o encarnado está mais propenso às futilidades do mundo e se coloca em outra vibração; isto faz com que, mais e mais, se distancie do que é seu de verdade. É bom lembrar, os sentimentos é que fazem a ponte de intercâmbio entre ele e seu tesouro, onde irá buscar lastro para suas necessidades do momento.

— O homem constituído tem tesouros adquiridos, acumulados ao longo de sua peregrinação, e não sabe?

Ele intimamente, em sua essência tem conhecimento, mas sua vida está cheia de interesses outros que o tornam momentaneamente esquecido. Porém, se o homem for cônscio de seus deveres de evolução, manter-se alerta, cumprindo com seus deveres de coração, saberá senti-los, e aí então poderá ser possuidor absoluto de seus tesouros, que são inesgotáveis fontes de auxílio e manutenção.

Todo aquele que está alerta sabe de seu potencial, calcula que deve ir abastecer-se no mundo sutil para poder caminhar e conhecer o mundo físico que é sua sustentação, o que não ocorre quando ele está em absoluta separação do que é seu. No entanto, tudo será sempre de seu dono, basta que ele desperte e, quando chegar esse momento, não existirão barreiras que o impeçam de abastecer-se naquilo que é seu, e assim se sentirá forte e poderá repartir com seus irmãos seu próprio tesouro, que é inesgotável, pois quando se está ciente daquilo que se possui acontece o milagre da renovação, e mais cresce, sempre alimentado na

LUZ, na PAZ, no AMOR.

*É preciso averiguar o que necessita
para sentir o que tem armazenado,
e distribuir; assim poderá gozar do
prazer de dar e distribuir o que é seu.*

O momento preciso atuando

OS QUE ESTÃO INDECISOS NÃO PODERÃO PERDER MAIS TEMPO; É PRECISO AGIR POIS OS TEMPOS SÃO CHEGADOS, É HORA DA DECISÃO.

Não é preciso estar aqui no plano da Terra para que também participem da transformação que se tornará real em todo o sistema, que está na razão direta dos acontecimentos.

— O homem é conhecedor dessas resoluções?

Desde que nasce até que volte a sua essência, ele sabe que terá que se transformar e para isso terá que mudar seus sentimentos e colocar em prática todos os ensinamentos que traz impresso em seu espírito, pois aqui está a serviço do Pai e também para colocar-se sempre à prova de sua evolução.

— Então, sendo sabedor de todas as posições, ele agirá com certeza?

Nem sempre o homem age com clareza, pois existem as interferências que ocorrem em seu viver, levando-o a situações aflitivas e é nessa hora que, distraído como está, não saberá escolher.

Estamos presenciando as atitudes dos homens, e eles ainda insistem em escolher sempre o pior para sua evolução. Sentimos a falta de critério quando, em momentos que deveriam ser claros, ele simplesmente deixa passar grandes oportunidades.

Sua constituição física está mal estruturada e suas atitudes e situações dependem muito desse fator, pois, não estando em harmonia funcional, tudo o mais que fizer será desastroso, acabará sempre em frustração, culpando as situações que ele mesmo escolheu; há portanto o dissabor e o dispersar de sua intenção.

O homem, despreparado como está, prejudica seu meio, seu ambiente natural, que deveria ser absoluto para ele, mas que está se tornando um verdadeiro caos. Por isso ele não encontra seu bem-estar; seu organismo físico está desequilibrado e, assim, ele não pode dar aquilo que não tem.

— Mas, por que se encontra assim?

Muitas vezes não sabe o que faz; outras, ele não sabe que trilha um caminho contrário a sua própria vida, como os vícios a que se entrega, que eliminam sua harmonia e o colocam num estado de degradação moral. O homem espera sua oportunidade, mas como poderá alcançá-la se não dá a si próprio tal reforço, não tem sua base, falta-lhe guarida.

No momento atual, que é uma das épocas marcantes da evolução do próprio planeta, quando se erguerá e projetará muita amargura para os que habitam nele, sem que o homem esteja preparado, sem seus sentimentos fluindo, sem guarida familiar, enfim sem rumo, será o caos, e todos sofrerão esse momento.

Aguardem modificações cruciantes neste final de século. A entrada de um novo tempo será gloriosa para os que permanecem de pé e, para tanto, o estar consciente de seus deveres, o ser alerta, o encaminhará por certo, ao centro de forças que será seu amparo eterno na

LUZ, na PAZ, no AMOR.

Os acontecimentos estão na vida do homem e ele está alheio, distraído com seus próprios pensamentos.

É hora de mudar

Os que passam suas aflições serão confortados. Está dentro do coração o poder maior da fé e é aí que encontrarão consolo; está, portanto, em suas mãos o lenitivo para as dores.

Nada se poderá impor a quem está em seu lugar. Todo aquele que caminha consciente de seus deveres espirituais estará protegido pela mesma razão, pratica a caridade no servir a si mesmo.

— Haverá sempre a lei da caridade protegendo o homem?

Sempre que ele sair de dentro de si mesmo, ir ao encontro de seu irmão, estará fazendo circular o que é do Pai, prova seu viver de encarnado, pois o homem está aqui para a prática da fé demonstrada.

— Se tudo está impresso no coração, forçoso será ele acertar com seu caminho.

Mas nem sempre este ato de fé está sendo praticado com sinceridade. Em muitas ocasiões, não passa de mera ostentação para adular sua vaidade, que quer mostrar mais um poder circunstancial do que propriamente os dotes de coração, dando assim aquilo que realmente não tem, pois a vaidade encobre os atos mais puros de que é capaz.

— Se o homem é assim, como conseguirá se suplantar e ser sincero e transparente em seus atos?

Os tempos modernos ensinam ao homem a dissimulação e a hipocrisia; ele passou a representar tudo aquilo que pratica, mormente a caridade, que virou uma ostentação, como dizíamos, e nada mais deprimente do que sentir a insinceridade acobertada pela lei dos homens, pois eles fazem suas leis e se protegem nelas, colocando-se numa faixa de impunidade. E se dizem homens públicos, quando na verdade estão a serviço de uma ambição desmedida, o que os prejudica, uma vez que atraem influências que os envolvem e os precipitam no caos materialista.

— Como, sendo humano, o homem pode se portar assim?

Apenas esquecendo o que de mais sagrado possui, seus sentimentos que o constituíram. Estando envolto por tais influências, ele se torna um estranho para si mesmo, pratica seus atos sem a aprovação de seu coração, mora numa casa como hóspede, que com suas atitudes destrói, e sentimos que o tempo é seu próprio inimigo, pois cada vez mais o exaure, e chegará o tempo previsto para a volta sem ter vivido.

É importante que o homem se conscientize agora, já, de todos seus erros e, voltando-se para dentro, avalie sua conduta verificando as faltas que ocasionam o florescimento de tantos dissabores. Só assim poderá emergir do caos em que se lançou, livrando-se da influência que produziu, pois quando aqui chegou era um enviado da paz, mas se desvirtuou de sua intenção por descuido. No entanto, ainda poderá interromper esse fluxo do mal e libertar-se de sua influência, e se tornar bom.

A hora é de modificações, não há mais espera, o momento presente se faz e o homem por certo estará de pé, pois ele terá que alcançar todos os bens para sua evolução e, se se dispuser agora, alcançará mais depressa a

LUZ, a PAZ, o AMOR.

O trabalho de reconstrução pertence ao homem,
é de sua inteira responsabilidade seu retorno.
O objetivo faz do homem um ser íntegro.
Portanto, o tempo é importante.

O despertar para a consciência

OS SENTIMENTOS GUARDAM O VIVER NA CARNE, FAZEN-
DO COM QUE TODOS SE APROXIMEM.

Nestes dias que se sucederão ao acontecimento que está transformando a estrutura do planeta Terra, os homens também estarão se modificando e é preciso que todos se sintam capazes de fazê-lo em tranqüilidade, tendo seus pensamentos de caridade para com seu próprio coração.

— Como poderá acontecer transtornos assim tão nítidos no planeta Terra e, ao mesmo tempo, nos sentimentos dos homens?

Muito naturalmente, pois o homem está ligado aos acontecimentos do momento que vive. Sendo assim, as transformações o atingirão, e aguardamos com atenção todos os fatos, pois esta oportunidade é uma das muitas que os homens têm para se modificarem e, se não se dispuserem a esse esforço, estarão mais uma vez perdendo uma grande chance e deste modo se distanciando continuamente de seu circulo.

— O homem está sempre fora deste círculo?

Nem todos os seres estão afastados, mas a influência dos que se mantêm alheios a seu propósito essencial é tão grande que perturba os que caminham serenos e atentos, e essa interferência causa uma natural intranqüilidade, e muitos que poderiam alcançar seus objetivos se perdem em atenção redobrada, prejudicando desta forma o auxílio que dariam se estivessem

calmos e concentrados em todo seu intento.
O homem está exposto as suas próprias indecisões. A todo momento, cruzam no espaço correntes carregadas de vibrações negativas, e aquele que é alcançado por elas fica desorientado e perturbado em seu mecanismo físico, desencadeando uma série de doenças, muitas das quais ainda desconhecidas pelo meio acadêmico; são distúrbios generalizados de funções, o organismo não obedece mais ao comando central e instala-se um desequilíbrio total.

— Mas haverá a observação espiritual?

O homem se observa, mas quase nunca consegue distinguir claramente o motivo de seus transtornos e passa a experimentar toda sorte de adjutórios que se revelam meros paliativos, e o mal cada vez mais compromete seu organismo, traduzindo-se no principal fator desequilibrante neste século, causando assim o mal do estresse.

— O homem é assim tão frágil?

Não, ele não é frágil, mas no presente estado se mostra perturbado, atraindo para seu viver seus próprios dissabores. Necessitaria de uma revisão em seu procedimento, seus males estão definidos em sua mente física e aí está a fonte de seus problemas. Quando o homem não é senhor absoluto de seu eu, a mente física se torna aliada das correntes negativas que o envolvem ocasionalmente, e assim vemos que muitos se comprometem e estão subordinados a elas, por simples descuido.

Haverá o tempo certo para todos os atos e atitudes do homem, também para suas conclusões, e deste estado o homem haverá de despertar. Quando surgir a aurora, ele estará de pé e então será mais fácil refletir; seus sentimentos serão os verdadeiros comandantes de seu viver na carne.

No momento certo sua atenção será plena de poder, e o homem caminhará por seus próprios pés, encontrará seu caminho e então poderá dizer presente neste plano Terra, que o hospeda e que também estará em direção eterna à

LUZ, à PAZ, ao AMOR.

Tenham atenção, perscrutem seu coração, ele indicará o caminho e todos seguirão cônscios de seus deveres.

A alegria de viver atuando na saúde

OS PASSOS DO HOMEM PERCORREM CAMINHOS SINUOSOS, MAS SE ELE TEM SEU CORAÇÃO EM PAZ, SEUS SENTIMENTOS EM EQUILÍBRIO, CONSEGUIRÁ TRANSPOR AS BARREIRAS PRÓPRIAS DE UMA CAMINHADA.

O prazer de viver é essencial a todo aquele que quer atingir seu intento; a alegria faz parte integrante do viver, é seu alimento, mantendo-o saudável e feliz. Mas nem todos se sentem assim, há os que sofrem por seu próprio desamor às coisas que faz.

— O homem não tem prazer em estar aqui no plano dos encarnados?

Deveria ter e sentir, pois esta oportunidade de provar seu amor pelo Pai deveria ser primordial. Todavia, ele sofre e apenas por não possuir essa vitalidade, não é feliz; não fará portanto outros felizes.

— Que é necessário para ser e estar feliz?

Quando o homem cumpre com seus deveres, estando em paz, tendo seus sentimentos manifestados no conviver com seus irmãos, forma um círculo invisível de proteção a seu redor. Sendo feliz, ele fará um ambiente harmonioso, transformando as tristezas em bem-estar. É preciso, portanto, que seu estar esteja sempre em sintonia com o meio ambiente.

— Mas, esse sentimento, o ser feliz, influi assim em seu meio?

Sim, a harmonia produz bem-estar, e todos a sua volta

são atingidos, transformando uma pesada vibração em suaves ondulações. Mas, para isso, ele precisa ter para dar; é necessário então o cultivo desse sentimento, não deixando que influências negativas o atinjam.

— Estando o homem à mercê das influências que cruzam o meio, não será difícil para ele se excluir de seu alcance?

Não, se ele estiver atento, formando seu sentir em seu coração. As tristezas materiais são meros acasos decorrentes da encarnação; foram as tristezas que o trouxeram a este plano para dar presença entre seu meio.

— Como influenciar o meio, se ele é apenas um ser; não podemos competir.

Mas poderá modificar, trazendo a alegria de viver com sua presença, pois este estado produz a harmonia funcional em seu organismo. Presenciamos muitos corpos debilitados revitalizando-se com a alegria do meio, pela influência salutar de seus irmãos. A saúde do corpo e da mente está ligada estreitamente à alegria do coração; a visão do ambiente pode ser transformada aos olhos de quem tem este sentimento em seu coração.

O homem é feliz porque está vivo, embora, muitas vezes, ele não o saiba, desperdiçando seu viver em penalidades que destroem seus sentimentos.

A harmonia dos sentimentos produz a realidade da vida, a alegria de fazer parte dos que estão respirando e produzindo com seu trabalho o mundo atual. Portanto, é preciso fazer circular, colocar onde quer que vá, a alegria que produz o bem-estar, e assim todos alcançarão o poder de produzir a felicidade, de serem felizes na

LUZ, na PAZ, no AMOR.

*Se você guarda em seu coração a chama
viva de viver em alegria, tem o tesouro
de Deus que distribui saúde e vigor.*

Homens e astros sofrerão

TODOS ESTÃO À DISPOSIÇÃO DAS INFLUÊNCIAS QUE CIR-
CUNDAM O PLANO. É PRECISO ORAR E VIGIAR PARA QUE OS
RESULTADOS NÃO SEJAM DESASTROSOS.

No momento presente, muitos terão que sofrer e chorar por perdas e danos que sofrerão, mas tudo não se deve a uma só causa, muitos fatores estão influenciando as manifestações da natureza; o homem também, ou essencialmente, é causador de seus próprios males.

— Que vêm a ser fenômenos físicos influenciando o momento presente?

O planeta está sofrendo manifestações em seu clima, mas tudo que se apresenta agora talvez tenha sido produzido pela vontade desenfreada do homem; sua ambição desmedida está fazendo com que a natureza sofra conseqüências desastrosas. Os engenhos do homem para seu bem-estar, sua comodidade tecnológica o está prejudicando, pois, se de um lado seu conforto aumenta, de outro ele arca com seu preço, o desequilíbrio do meio ambiente produzido por sua inteligência. Se o homem faz, tem que receber, é a lei do retorno.

O momento atual é também, como já o dissemos, um motivo ou resultado de mudança de estado do planeta Terra; ele tem que evoluir e sofre as conseqüências dessa mudança. Quem evolui tem que deixar muitos de seus elementos; portanto, para renascer tem que morrer. O próprio fogo da purificação atinge seus elementos; para haver luz é necessário que haja combustão, necessariamente morte, mudança de estado. E é isso que acontece; a Terra muda de estado, evolui o planeta, e a dor e o desespero modificam o homem, e assim também ele evoluirá.

— Mas para que sofrimento?

A evolução é do planeta, o sofrimento do homem, pois ele produziu o que recebe agora; seus agentes químicos se voltaram contra ele próprio, sua técnica, seus engenhos, a liberação da energia atômica. Ele conseguiu sua libertação, mas não sabe fazer desaparecer seus resíduos. O lixo atômico é um dos mais sérios problemas do universo do homem e ele, insensato, quer colocar em órbita todo esse potencial poluente, mortal, sobre sua cabeça.

— Por que tanta insensatez?

O homem é inteligente, mas não o bastante para notar que ele próprio se destruiu atingindo a natureza que o cerca, que é a fonte donde provêm seus alimentos.

Muitos acontecimentos estarão presentes neste fim de século, mas nem todos próprios da ocasião; muitos seriam desnecessários, mas a insensatez humana, a ambição, o desamor pelo planeta, fizeram do homem seu próprio algoz. Todos sofrerão danos irreparáveis e o planeta, convulsões terríveis em resposta à agressão do homem.

É preciso sentir que, ao alcance de bens eternos, só um caminho conduz, o da caridade, e quem pratica o ato de fé, que enobrece a alma humana, está se dirigindo às fontes de

LUZ, de PAZ, de AMOR.

O momento é de suma importância, todos terão suas recompensas. É preciso atenção!

O alcance depende de cada um

Os SENTIMENTOS SÃO OS ORNAMENTOS DO HOMEM; EM SUA FISIONOMIA ELE DEIXA PASSAR TODO POTENCIAL ENERGÉTICO QUE POSSUI.

As ocasiões em que se depara o homem com suas manifestações de poder fazem dele um doador.
— Como assim?
O homem é um doador potencial, sua natureza está carregada de bens que, doados a seus irmãos, tornam-se fonte de alegria e bem-estar, de saúde.
— Como?
Os olhos do homem são janelas de seus sentimentos, diz o poeta. Mas são por eles que se destilam igualmente seus maiores venenos, pois ele tem a faculdade, muitas vezes desconhecida, de possuir esse magnetismo que produz milagres. O olhar tem um poder energético dos mais salutares, embora também possa ser extremamente prejudicial; o homem pode fulminar com seu olhar muitos de seus irmãos. Sabe-se que no reino animal existe tal faculdade em larga escala, mas não poderíamos restringir a esse reino o poder de destruição; ele existe igualmente entre os seres humanos.
— Não poderá ser diferente?
Sim, do mesmo modo que fulmina, poderia se transformar e fazer florescer, pois quem olha com bons olhos, e este, é um dito nascido entre os homens, faz tudo crescer e vicejar com mais vigor.

Existem inúmeras expressões no mesmo sentido, que todos conhecem bem, mas o que deve ser bem conscientizado é que este poder deve tornar-se um elo terapêutico entre irmãos, pois este dom é dado por Deus para que seja usado em favor de todos.

Quando nos referimos a dons naturais, queremos dizer tudo aquilo que nasce com o homem; são suas fortunas pessoais, seus poderes. Além do olhar, o homem tem outra fonte de energia que são as mãos. Elas, impostas, curam, regeneram, dão saúde. Por outro lado, quando unidas em prece, têm o valor extraordinário de levar o homem a falar com Deus, orando e pedindo auxílios. Essas mesmas mãos acenam nas despedidas, afagam na amargura, abençoam e dão alívio. O homem é senhor de cabedais naturais que lhe dá o Pai, mas ele não sente o valor de seu tesouro, guarda a fonte de auxílios e ela se perde transformada em agressões, pois é com essas mesmas mãos, movidas por sentimentos aviltantes, que ele amaldiçoa e mata, traz amargura e produz engenhos mortíferos.

É preciso saber aproveitar suas armas naturais, para que se possa defender dando aquilo que seu irmão necessita. O poder é dado para que seja feito seu uso para o bem. Quanto mais o homem se excluir desses benefícios, mais se aprofunda no charco do sofrimento. É preciso que todos se alertem para as práticas do bem direcionado, com o que formarão uma fonte de resistência; juntos poderão formar barreiras que permitiriam o afastamento do mal, e todos sairiam lucrando, pois cada um seria um ponto de forças, e a união delas intransponível resistência ao mal. Portanto, façam de suas armas sua própria defesa, e se assim ocorresse só haveria o bem sobre a Terra e esta estaria plena de poderes para que sua evolução fosse alicerçada nas fontes da

LUZ, da PAZ, do AMOR.

*Todos formam um conjunto, deveriam
unir forças para suporte do plano,
que cada vez mais atingiria seu primordial
objetivo, que é a evolução.*

O itinerário do homem

NADA PODERÁ TER MAIOR INFLUÊNCIA NO SER HUMANO DO QUE O SENTIMENTO DO AMOR E A PRÁTICA DA CARIDADE.

Os que estão caminhando alcançarão seu ponto desejado se trouxerem a conduta do bem distribuído; estarão provando ao Pai que praticam o que aqui vieram fazer.

A evolução do ser humano dá uma importante influência a seu meio, pois com seu exemplo fará com que outros o notem, e desperte, assim, em um grande círculo, o bem maior que é o ama a seu próximo como a si mesmo.

— Estando cobertos por essa lei todos serão felizes e o sofrimento estará banido do planeta?

Estaria se todos compreendessem, mas existe a intolerância na vida cotidiana; a família, que é a base da estrutura de apoio, está dissolvida. Não podemos negar que o progresso e as necessidades fazem com que o trabalho para a manutenção force um afastamento de seus membros, mas o fio do sentimento de união não poderia se quebrar, como tem acontecido.

Muitos estão em desacordo e este grupo de apoio, que é a família, ficou desagregado.

— Não haverá possibilidade de solução?

Não a curto prazo, pois a entrada do século trará muitas discórdias e muita inversão de valores; os homens estarão dispersos entre si, querendo alcançar as estrelas, porém presos ao chão, do qual só se levantarão quando compreenderem a força

e o poder dos sentimentos.
— Então muito tempo será necessário?
Sim, mas o tempo terreno não é o primordial; a eternidade estará presente, e o espírito é imortal. Assim, muitos séculos terá o homem constituído de passar por seu aprendizado até que alcance o poder e a glória de estar em paz.
— Se tudo é tão difícil de alcance, de que valerá cada vida encarnada?
Pois será por essa experiência que o espírito compreenderá o valor de sua renúncia às coisas supérfluas do plano, agora para ele da maior importância. Por isso, sua finalidade só será atingida quando mudar seus sentimentos, e isto levará tempo.
— Como?
Muitos séculos, já o dissemos, mas a vida é uma ilusão, e é esse o ponto principal do homem que não compreende sua finalidade precípua; tudo gira em torno de sua compreensão e entendimento, quanto mais alcança esse estado, mais estará a caminho de sua própria conquista.
— O milênio trará mais oportunidades para sua compreensão?
O milênio trará turbulência, muitos fatos ocorrerão, como também serão dadas oportunidades múltiplas para que o homem se conscientize de seu valor, de sua essência. E quem poderá supor se não será essa a oportunidade que terá? Mas, se esse homem persistir na devastação do planeta, não se completará o ciclo de ouro, tudo será destruído por sua ambição e igualmente lhe será negado a ocasião máxima de evolução.
Ainda terá oportunidades múltiplas de caminhar, quem sabe então encontrará seu verdadeiro rumo, e tudo será formado e conseguido na

LUZ, na PAZ, no AMOR.

Será pela mão do homem a construção
de seu próprio caminho.

Causando juntos a destruição

Os QUE ESTÃO NESTE PLANO SEM O CONHECIMENTO DE SEUS SENTIMENTOS ESTARÃO À MERCÊ DE INFORTÚNIOS.

O homem está exposto a inúmeras oscilações em seu meio, imperando esses estados no desconhecimento de seu potencial de caridade.

— Como estar em seu meio desconhecendo seu potencial?

Muitos há que se formam adultos como humanos e são jovens em conhecimento de si mesmo; nunca se provaram, não sabem portanto do que são capazes quando da adversidade.

— E quando isso acontecerá?

Não existe tempo certo, apenas ocasiões propícias em que será preciso sair de dentro para fora e ir em auxílio de seu irmão, e nestes tempos atuais ele necessitará muito desses efeitos externos para seu próprio bem.

— Como?

Nestes momentos de prova coletiva todos têm que se unir na solidariedade. Acontecimentos profundos abalarão o ser humano, e as provas coletivas estarão em primeiro lugar. O planeta Terra será sacudido por força poderosa que fará ajuste em seu estado físico. Isto há muito já começou, mas o homem não lhe tem dado a devida atenção, e até mesmo tem sido um dos agentes dessas comoções que transformarão o planeta.

Muitos dirão, isso é a longo prazo, portanto viverei a minha vida sem temer, tudo já está sendo falado, mas não me atingirá. Olha para o céu e não vê a aproximação de perigo, tudo tão calmo, tão harmonioso, mas se enganam todos. A caminho estão as hecatombes, estão as grandes provas coletivas que farão com que o homem se sinta um ser sem importância diante desses acontecimentos fantasmagóricos que se apresentarão.

— A vida no planeta Terra não será mais a mesma?

Talvez não seja, mas de que importa a vida do meio se o homem está extasiado por sua própria vida, por seus alcances que o estão derrotando, pois vemos o clima se modificando e os raios do Sol, fonte da vida, sendo mensageiros de destruição. E por que isto acontece? Pela atuação do homem, por seu trabalho de destruição, essencialmente o das matas, matando os mananciais que lhe mantém a existência. É preciso refletir.

— Mas o homem vive falando e ouvindo isso, por que não se modifica?

É possível que, quando isso acontecer, tudo já tenha acontecido e ele se tornado impotente perante os elementos, que se atropelarão entre si, tornando este lindo planeta no caos e na destruição.

— Ainda há salvação?

Sempre haverá. Deus é infinito, mas o homem é destruidor de sua obra, porém se refletir e se abster de invadir o espaço de seus irmãos, poderá se redimir e, quem sabe, também evoluirá, pois todos caminham, sendo-lhes dado o direito de ponderar e escolher. E, se o homem souber se conduzir, por certo encontrará o caminho que o levará à

LUZ, à PAZ, ao AMOR.

Todos são causadores do desequilíbrio do planeta.
Está, portanto, na escolha de cada um
o soerguimento do plano.

As necessidades do momento

OS QUE ESTÃO A SERVIÇO DE SEUS IRMÃOS SERÃO PROTEGIDOS PELO PAI, MAS SENTIRÃO BROTAR EM SEU CORAÇÃO O DEVER DO AMOR DISTRIBUÍDO E A INTENÇÃO CUMPRIDA.

Sabemos que o momento é importante e todos devem se voltar às práticas da caridade.

— Mas, se todos os momentos são importantes, como ressaltar um apenas?

Não há diferença entre eles. Sabemos que tudo está disposto como deve ser, mas particularmente a entrada de um século traz revelações e acomodações. Portanto, este é um momento importante.

— Dar-se-ão coisas extraordinárias?

Todos os acontecimentos são passados com sofrimento, mormente no presente, em que o próprio planeta está passando por transformações, não querendo dizer que modificações sejam de sofrimento, mas essas dizem respeito ao homem e também a seu procedimento como vem acontecendo.

— Como o homem é sempre aquele que produz o desequilíbrio.

Ele está neste plano para sua evolução, mas tem se tornado um predador e também um usurpador de ocasiões, pois muitos espíritos, que igualmente necessitam de uma chance no mundo físico, talvez com melhores intenções e igual desempenho, são

preteridos, dão sua oportunidade para que esses que estão encarnados possam usufruir de meios, de soluções para suas expiações, e afinal observa-se que todo esforço foi em vão, pois eles nada fizeram, a não ser agredirem o meio em que vivem, destruindo também a oportunidade de seu irmão.
— Quando tudo cessará?
Muitos séculos foram necessários para a destruição, outros tantos para a reconstrução, mas sentimos pouca probabilidade de solução do jeito que evoluem as agressões. Estamos presenciando a degeneração do próprio homem, a par do fato de estarem aportando no planeta Terra legiões de obsessores, transtornando por completo muitos núcleos de resistência, com atuação direta da constituição da família. Portanto, o perigo é avassalador e o momento muitíssimo delicado.
— Mas existem igualmente as defesas de correntes auxiliadoras, portanto...
As investidas encontram eco nas atitudes do homem e por isso ficam mais fortes e destruidoras. A modificação dos sentimentos é a base importante para a regeneração do homem, mormente em sua estrutura familiar onde o amor, a amizade e a caridade encontram campo propícios à mudança de atitudes e a não violência. A manutenção de sentimentos desequilibrantes provoca a invasão dos alucinógenos, tóxicos, e outros mais que estão degenerando o homem, e tudo em seu próprio prejuízo.
O amor está sendo relegado, a família preterida, pais e filhos afastados, a natureza agonizante, seus rios, florestas, extermínio das fontes de vida. Seria necessário a vigilância dos sentimentos para que compreendessem que a atenção plena, o recolhimento, o amor ainda são os maiores alicerces do homem, e que, se assim se transformassem, todos poderiam formar uma grande resistência, e a conscientização estaria presente na vida, pois tudo se consegue com a

LUZ, a PAZ, o AMOR.

Se todos se juntassem em volta dos sentimentos de reconstrução de si próprios, encontrariam o apoio que perderam.

As riquezas do homem

NEM SEMPRE OS QUE DÃO ESTÃO PRATICANDO O ATO DE CARIDADE.

A sabedoria da vida está em saber dar aquilo que seu irmão necessita na hora exata.

Parece sem importância o ato de distribuir, mas quem recebe sabe o valor quando este chega na ocasião propícia.

— Então as dádivas devem ter hora certa?

De um modo simples, sim. Mas há também quem dê, mas não o faça com o coração. Muitos distribuem bens materiais movidos apenas por um sentimento exibicionista, sem o sentido de amparo que proporciona conforto a quem recebe.

Os necessitados de afeto estão superlotando o mundo sem a obtenção do que necessitam, estão vivendo ao largo dos acontecimentos, e no entanto muitos distribuem bens materiais que, às vezes, não são tão necessários como a assistência representada por uma palavra amiga de proteção, de amparo.

— Mas distribuir pode satisfazer.

Sabemos que a satisfação é momentânea, mata a fome do corpo, mas, a fome do espírito, de misericórdia, onde fica?

— O homem então não sabe o que faz?

Muitas vezes ele não pensa quando faz a rotulada caridade em benefício próprio, pois quando distribui está mais preocupado com a recompensa do que propriamente o amparo.

— Como recompensa?

Diz-se que quem dá aos pobres empresta a Deus, e assim conta com a recompensa de lhe serem perdoadas as faltas, de receber benesses para ele mais importantes, como o aumento e a facilidade de ganhos, o sucesso social, saúde e tudo o mais. Ele dá com o intuito de ter mais; sabe que quanto mais distribuir mais será o ganho, mas não reflete que só se for de coração, é claro. Ele ainda não entende as sutilezas do amor distribuído.

Quanto maior for a necessidade imperiosa e, às vezes, obrigatória de dar, mais lucrará. Como se engana o homem em sua filosofia; verificaria que os bens do coração são inesgotáveis fortunas que possui. Ele porém não compreende o que é amar, dar carinho, proteger e amparar, ouvir as dores de seu irmão, gestos simples que não requerem cabedais adquiridos e que representariam verdadeiro auxílio aos que vivem famintos de alimento do coração. E isso não custa o dinheiro que tanto o preocupa.

Nestes tempos presentes todos necessitam de tanto, mas muitos estão presos a sua própria ignorância e não percebem que o socorro que seu irmão necessita está dentro de seu coração, manancial com que Deus abasteceu o homem para que ele distribuísse, mas este homem não sabe de seu tesouro.

É preciso que encontrem o caminho da descoberta e façam de sua riqueza o consolo de seu irmão. Assim todos estariam bem reconfortados e apaziguados, sofreriam sim, as dores do corpo físico, mas teriam o conforto do coração e seriam saciados nas fontes da

LUZ, da PAZ, do AMOR.

O grupo humano tem sua fortuna guardada no coração e vive em guerra permanente por suas riquezas terrenas. É afortunado pelos dotes do coração.

Ainda é tempo de modificação

TODOS ESTARÃO EXPOSTOS, NADA SE PERDERÁ, MAS SE CADA UM SE MODIFICAR, O RECEBIMENTO SERÁ DIFERENTE.

— Os mananciais da vida serão respeitados pelo homem do futuro?

Todos receberão conforme seu merecimento, mas igualmente terão sido escolhidos para levar avante a modificação que se fará no planeta Terra.

— Como?

O homem do futuro vai depender, exclusivamente, de seu proceder nestes tempos que se escoam violentamente dentre seus dedos. Ele será uma peça importante nesse processo de aperfeiçoamento, mas será preciso que espontaneamente se apresente sem seus artifícios do momento, que o estão tornando um ser nocivo a si mesmo, não atuando para formação dessa transformação, sendo, ao contrário, principal agente de destruição.

O homem sempre existirá, pois é aqui neste planeta Terra, uma das muitas moradas do Pai, que ele expiará suas faltas. No entanto, em vez de fazê-lo, ele vem comprometendo ainda mais o campo vibratório do planeta, atraindo muitos espíritos afins, que têm aportado aqui nestes últimos tempos e que formam um grande caldeamento de sentimentos nocivos, trazendo o caos e a dor para este paraíso terrestre, pois sua natureza agoniza e nada ou pouco se faz em seu benefício, por sua salvação.

O momento é conflitante por diversos motivos, pela destruição do homem, pela ordem natural de seu estado evolutivo, pela atração que exercem esses conflitos na vida de outros espíritos endividados, enfim, por uma tal ordem de fatores que tudo pode ser tragado a qualquer instante.

Está prevista, no meio sideral, a passagem de um astro que higienizará a Terra. Mas agora, com todo os distúrbios que assolam este planeta, ele deixará de ser um acontecimento e passa a ser uma determinação, tal o grau de dificuldades, pois aliviará a Terra de sua carga negativa, de que está saturada, pondo em risco a vida.

Aguardamos para sentirmos os resultados, mas lhes garanto que não serão assim tão fáceis de suportar, pois haverá choques e muitos acontecimentos se apresentarão.

Tudo poderá acontecer, e nas condições atuais por que passa o planeta Terra esses acontecimentos trarão profundas modificações. Portanto, a atenção deverá estar presente no viver do homem para que pressinta seu caminho, que ainda poderá trilhar se se modificar, procurando estar ciente de seus atos, modificando-se, e assim todos encontrem a direção constante da

LUZ, da PAZ, do AMOR.

Tudo está previsto, mas se o homem compreender a necessidade de modificação poderá receber em condições amenas sua punição.

A recuperação do homem depende dele mesmo

Os que sofrem serão consolados, os que amam serão amados; portanto, o homem deveria seguir estes conselhos e viver em paz a vida que se lhe apresente.

Os acontecimentos que se apresentam estão indicando ao homem sua hora de recolhimento, mas também de expressão de tudo que adquiriu em suas vidas passadas. É, portanto, o momento decisivo que o tornará capaz da redenção.

— Todos que estão aqui no plano Terra têm igualmente esta oportunidade?

Sim, todos sabem o que praticam, estão em suas personalidades presentes com a certeza do que fazem, mas interpretam o que lhes ocorre como sendo produto de fatores externos, não se lembrando de que apenas recebem pelo que fizeram.

— Essa recompensa é assim tão punitiva?

Todos que produzem algo o fazem em sã consciência, portanto, a recompensa também. Nada vem sem que se tenha projetado, tudo igual a sua obra, quem dá o que tem, recebe recompensa idêntica.

— Como pode estar e ser separadamente?

O homem é, e se ele é, tem que trabalhar seus sentimentos para que estes sejam harmoniosos e assim, ele próprio estará construindo seu merecimento. Porém não sentimos, no presente momento, esta solução atingir os estados do homem; ele não está atento a seus atos, seu momento é desastroso para seu meio e para seu próprio equilíbrio.

Tudo depende de sua atuação. Sabemos que o ser humano só se fará realmente humano quando sentir que quem estiver a seu lado é seu irmão. Enquanto não respeitar, não será respeitado, e toda influência que fizer ao meio estará fazendo a si próprio.

— Como este ciclo se repete, não haverá saída? Nada se pode fazer, nem obter?

Enquanto este estado de indolência se intensifica, o homem perde sua identidade; sua individualidade está sendo atingida e seu futuro será incerto, pois está se expondo a investidas de forças que agem ininterruptamente em seu redor e tudo será produto de sua atuação.

As atividades em sua própria intenção ele as destrói no nascedouro; tudo que produz é em desequilíbrio, dando permissão que as forças negativas o atinjam, pois, estando assim vulnerável, também receberá os infortúnios que espalha. É um agente, e ao mesmo tempo, um receptor de tantos desatinos; tudo retornará a seu ponto de partida e o homem não poderá mais ter para si se não souber querer a seu irmão.

— Haverá muitas transformações?

Já estão se apresentando no momento atual, como todos sabem, uns querendo o que pertence a outros, e a vida se desenrolando e se acabando paulatinamente; tudo se transformando no caos de uma destruição avassaladora, e o homem inerte em seu egoísmo, indiferente ao sofrimento e à agonia de seu próprio planeta.

É preciso acordar e se harmonizar consigo próprio, para que possa distinguir seus defeitos, tantos que nem mais os conhece, mas é preciso esforço intenso para soerguimento de seu ser divino, e caminhar sobre sua própria destruição, distinguindo o bem do mal, para que tenha a direção de seu caminho e possa encontrar a força que o salvará, que é a

LUZ, a PAZ, o AMOR.

Se não trabalhar por si, quem poderá fazê-lo?